soy libre

Published by
DPC Ministries International Inc.
All Rights Reserved
©2018 by Delilah P. Crowder

ISBN-13:978-1725621787
ISBN-10:1725621789

Dirección editorial: Silvana Freddi - *silvanafreddi@hotmail.com*
Diseño de portada e interior: Impakto - *www.studioimpakto.com*

Todas las citas de las Escrituras fueron tomadas de la versión Reina Valera 1960 y Nueva Versión Internacional (NVI/RVR 1960)

DELILAH CROWDER

soy libre

TRAYECTORIA DE AMOR

A Chichi, por ti y para ti.

ÍNDICE

INTRODUCCIÓN

¿Recuerdas el día en que experimentaste tu encuentro personal con Jesucristo? Yo recuerdo el mío como si hubiera sido ayer. Fue un 4 de junio hace más de 30 años. Temprano por la mañana, mientras todos dormían, yo recibía al Señor en mi corazón como mi Salvador personal a través de un evangelista que hablaba en la televisión. En ese mismo momento, el poder de Dios me tocó y caí postrada de rodillas. Y mientras estaba en esa posición, tuve una visión donde veía el borde de las vestiduras del Señor Jesús. Pude sentir sus manos sobre mi espalda, a la vez que me decía cuánto me amaba. Allí, en medio de la sala de aquel humilde apartamento, sentí su amor. Un amor que nunca antes había sentido. Un amor inmensurable que me cautivó y me sigue cautivando hasta el día de hoy.

Desde ese momento hasta el día de hoy, han pasado más 30 de años y nunca imaginé cómo cambiaría mi vida a partir de aquella mañana. Todo se modificó por completo. No percibí en ese momento cuánto crecería mi amor por Dios, como así tampoco de cuán grande sería su obra transformadora en mi vida. Sus bendiciones han sido incontables. La sanidad, la libertad, la revelación de su Palabra, el llamado al ministerio... la lista no tiene fin. Ha sido una trayectoria larga, con altas y bajas, pero sumamente bendecida.

Dios ha puesto en mi corazón que comparta contigo este camino. De allí, nace el deseo de escribir este libro, para que tú también puedas experimentar el poder vivificador de Jesús en tu vida y ver que aquello que parecía lejano y oscuro se vuelve un "sí se puede". Dios puso en mi corazón que comparta mi trayectoria contigo en estas páginas: La obra de libertad de un pasado lleno de abuso físico, sexual, verbal y emocional, hacia la sanidad física y del alma, que alcancé por medio de la revelación de su Palabra y la obra de su Espíritu Santo.

Los temas que abordaremos en este libro forman parte de mi testimonio y no se comparten con frecuencia abiertamente en nuestras iglesias. Sin embargo, necesitamos ser conscientes, especialmente si somos ministros o líderes, que tres de cada cinco personas (incluidos hombres, mujeres y niños) han sufrido o están sufriendo algún tipo de abandono, infidelidad y abuso, ya sea sexual, físico, emocional, verbal y aun espiritual o eclesiástico. Muchos de ellos, como yo, pasan años dentro de nuestras congregaciones atados por el dolor de tal experiencia y las consecuencias emocionales que esto ocasiona en el desarrollo de su vida física y emocional. Tal vez, al igual que yo, un momento dado ministran, adoran y son fieles servidores de la obra. Pero cargan con cadenas emocionales que no les permiten crecer y disfrutar esa vida abundante y plena que Dios nos ha prometido en su Palabra y cuyo precio pagó nuestro Señor Jesucristo.

Dios nos ofrece completa libertad y sanidad a través de su Hijo Jesucristo pero, si no abrimos nuestros corazones al Espíritu Santo y le permitimos trabajar en esas aéreas, difícilmente disfrutaremos de esa libertad y sanidad en Cristo. Es necesario que entendamos que, en la mayoría de los casos, la persona que ha sido abusada tiende a guardar profundamente ese recuerdo, dado que el simple hecho de recordarlo le trae un profundo dolor que ha querido olvidar. Ese intento por olvidar nos cohíbe y no nos permite abrir nuestro corazón al Señor para poder recibir la libertad y la sanidad que tanto necesitamos.

Este fue mi caso. Como mencioné anteriormente, vine a los pies del Señor a una temprana edad pero, para ese entonces, ya había experimentado el abuso físico, sexual, verbal y emocional. El abuso eclesiástico vino años después. El recibir a Cristo como mi Salvador cambió mi vida por completo pero la transformación, la libertad y la sanidad emocional llevaron un proceso muy largo.

En los primeros años en el Señor, recibí el bautismo del Espíritu Santo y la sanidad física. Al poco tiempo, ingresé en el Instituto Bíblico donde recibí el llamado a predicar su Palabra y comencé a servir en mi iglesia local con denuedo. En los años siguientes, comencé a enseñar y a ministrar su Palabra, a hacer el trabajo evangelístico y a establecer iglesias. Sin darme cuenta, el tiempo fue pasando. Había crecido espiritual y ministerialmente y, sin embargo, cargaba constantemente con una pena en mi alma que me robaba el gozo de mi salvación y de mi diario vivir. Aunque tenía una relación íntima con Dios, como es normal en las víctimas de abuso, había encerrado mi pasado y no había lidiado con ello, ni lo había puesto en las manos de Él.

Posiblemente te preguntarás, si esto te sucedió, por qué no se manifestó en mi vida el pasaje de 2 Corintios 5:17:

> *De modo que si alguno está en Cristo, nueva criatura es; las cosas viejas pasaron; he aquí todas son hechas nuevas.*

Este versículo bíblico nos está hablando de nuestras concupiscencias pecaminosas del andar en la carne que es cosa del pasado, pero no habla de las consecuencias que el pecado trajo a nuestra vida. Y ese era mi problema: ya no vivía conforme a la carne sino conforme al Espíritu, pero aun así no le había entregado mis heridas del pasado a Dios. No porque me resistía a ello sino porque inconscientemente había cerrado mi pasado, como muchos han hecho.

La revelación y el primer paso para mi libertad y sanidad llegaron a través de mi esposo Chris, quien veía lo que los otros no veían y buscó en oración la dirección de Dios para poder bregar con mis altas y bajas, mi insatisfacción y mi vulnerabilidad, entre otras cosas. Entonces Dios le mostró que yo estaba *"espiritualmente sana pero emocionalmente enferma"*. A partir de ese momento, comencé a escudriñar La Palabra y a orar para que el Espíritu Santo me revelara y trabajara en mi condición. Poco a poco, Dios me llevó por un camino de libertad y sanidad, de conocimiento de mi persona, y me enseñó a perdonar y a convertir mi dolor en testimonio y bendición para otros.

Esa es la razón de este libro: Poner en tus manos la revelación que me trajo libertad y sanidad completa, llenando mi vida de gozo y amor para poder ministrar a otros para la gloria de Dios.

En las siguientes páginas, compartiré parte de mi testimonio y te acompañaré en la revelación de La Palabra de Dios que traerá libertad para tu vida en todas las áreas. Experimentar tu propia sanidad te ayudará a poder ponerte en el lugar del otro, a establecer empatía y a comprender y ministrar a los que hoy aún no han podido ser libres del dolor, el maltrato, el abuso y el abandono.

Es mi oración que Dios te bendiga grandemente dándote revelación, inspiración, libertad y sanidad a través de este libro.

CAPÍTULO 1

CONOCIÉNDONOS A NOSOTROS MISMOS

*Y la paz de Dios gobierne
en vuestros corazones,
a la que asimismo
fuisteis llamados
en un solo cuerpo;
y sed agradecidos.*

Colosenses 3:15

1. DIME CUÁNTO TE CONOCES

¿Cuántas veces le has dicho a un amigo, o a un ser querido, o a un hermano de la iglesia: "*¿Acaso no me conoces?*" O: "*¿Cómo me dices eso? Parece que no me conocieras*".

Seguramente en innumerables oportunidades hemos hecho esta pregunta. Sin embargo, no se trata de la cantidad de veces que la hemos formulado, sino a quiénes se la hemos dirigido. Tal vez a un esposo, o a una esposa, o a una madre, o a un amigo íntimo, con quienes hemos compartido nuestros más íntimos momentos, dolores y alegrías. Y si embargo, aparece esta pregunta. ¿Cómo es posible que a esta altura no nos conozcan? ¿Será posible? En algunas ocasiones, un sentimiento de indignación nos llena al punto tal, que hasta dejamos de dirigirles la palabra por uno o dos días y, a veces, aún más.

Aun así, no podemos ser hipócritas exigiendo algo que ni siquiera nosotros podemos dar. Si te preguntara: "*¿Te conoces verdaderamente a ti mismo?*", ¿qué me dirías? Por un momento, seamos sinceros… ¿Cuántas veces nos sorprendemos descubriendo cosas, respuestas, reacciones en nuestra conducta, en nuestro interior, que no imaginábamos que teníamos? Nuestra vida es como una caja de sorpresas. En las palabras de Forrest Gump, diríamos: "*La vida es como una caja de bombones surtidos; nunca sabes lo que te va a tocar*".

Necesitamos saber que el deseo y el propósito de Dios es que, a través de la ayuda y la intervención del Espíritu Santo, seamos renovados y crezcamos a la imagen de Dios hasta que lleguemos a un conocimiento pleno de nosotros mismos y de Él.

El pastor Myles Munroe citaba:

> La mayor tragedia en la vida no es la muerte,
> pero sí la vida sin un propósito.

Un día Alicia llegó a un desvío en el camino y vio un gato de Chesire en un árbol. "*¿Qué camino tomo?*", preguntó ella. "*¿Adónde quieres ir?*", fue su respuesta. "*No lo sé*", contestó Alicia. "*Entonces*", dijo el gato, "*no importa*". [1]

Tal vez estás ocupado en muchas actividades diarias, en el trabajo de la oficina, en la tarea con los niños, en la iglesia. Pero, ¿sabes realmente lo que quieres? ¿Qué propósito te motiva cada día? ¿Qué te inspira? ¿Qué piensas cada día al levantarte? ¿Le das gloria a Dios por un nuevo día o lo vives con pesadumbre y sin entusiasmo?

El escritor Earl Nightingale dijo:

> Estamos en nuestro mejor momento, y más felices, cuando estamos completamente envueltos en un trabajo que disfrutamos en el viaje hacia el objetivo que hemos establecido para nosotros mismos. Eso le da significado a nuestro tiempo libre y conforta nuestro sueño.

---

1 Carrolll Lewis; Alicia en el país de las maravillas, Ediciones del Sur, 2003.

2. MIRÁNDOME AL ESPEJO

En la carta a los Efesios 1:16-17, a través del apóstol Pablo, Dios nos dice: "*No ceso de dar gracias por ustedes haciendo memoria de ustedes en mis oraciones y pidiéndole a nuestro Dios el Padre de nuestro Señor Jesucristo que ustedes se desarrollen en sabiduría, revelación y conocimiento*". Es el deseo del Señor que nosotros, sus hijos, crezcamos en sabiduría, en revelación, en conocimiento, no tan solo de Él sino también de nosotros mismos.

Conocernos a nosotros mismos implica poder llegar al nivel donde sabemos, comprendemos, entendemos y dominamos cada aspecto de nuestra vida. En otras palabras, cuando nos conocemos a nosotros mismos, podemos entender y comprender por qué reaccionamos como lo hacemos o por qué tomamos ciertas decisiones. De igual manera, podemos aprender a dominarnos y a decidir desde una perspectiva más sabia y sana. Es en el conocimiento de nosotros mismos, de quiénes somos y cómo somos, que podemos abrazar nuestra identidad como individuos y como hijos de Dios.

Erich Fromm decía:

> La identidad es una necesidad afectiva (sentimiento), cognitiva (conciencia de sí mismo y del otro como personas diferentes) y activa (el ser humano tiene que tomar decisiones haciendo uso de su libertad y voluntad).

La identidad es el conjunto de particularidades que hacen que tú seas tú. Es la suma de las conductas más la perspectiva de vida que tienes. No se trata solo de la forma en la que te desenvuelves. Tampoco se trata de un rol social, simplemente. No es la intención de vida que tienes ni es hacia donde te diriges. La identidad es la suma de todo ello. Es tu motivación sumada a tu forma de desenvolverte, es el porqué y el para qué de lo que haces. Es tu rostro más tu personalidad, más tu visión de vida, más tus deseos.

La identidad nos promueve como personas. Es la historia de vida que tenemos sumada al futuro que queremos darle.[2]

Es en ese conocimiento y desde ese lugar de autoridad que podemos caminar en una vida con propósito, alcanzar nuestro destino y abrazar la vida abundante en Cristo Jesús.

El evangelio de Juan 8:32 declara:

> *… y conoceréis la verdad, y la verdad os hará libres.*

Es el conocimiento de la verdad lo que nos hace libres. Lo que ignoramos, lo que no sabemos, lo que desconocemos, nos ata. La falta de conocimiento propio nos limita y nos mantiene prisioneros en nuestras emociones. Emociones tóxicas que no podemos, o no hemos aprendido a, identificar por nuestra propia negligencia o por temor. Por tanto,

2 Palermo, Sebastián; *El poder de la autoconfianza*, Ediciones Hojas del Sur, 2018.

no fuimos en su búsqueda ni profundizamos en investigar.

Jesús nos enseña en Juan 8:32 que la libertad viene a través de una revelación, de un conocimiento revelado. Pero también nos dice que la verdad revelada no solamente trae libertad sino que nos exhorta a ir más allá, aplicarla y ponerla en acción. Todo conocimiento revelado y aplicado trae libertad. Somos libres cuando recibimos un conocimiento en un área específica, para una situación específica, y eso nos convierte en expertos en un tema, o especialistas en algo. Es a través de la aplicación de este conocimiento que somos libres y podemos recibir la bendición.

Por ejemplo, si sientes que tu prosperidad (tus finanzas) no está siendo bendecida, ¿qué haces? El primer paso es buscar el conocimiento de Dios a través de su Palabra, buscar información sobre qué me dice Él acerca de mi prosperidad, de mi bendición, de proveerme de todo aquello que necesito. Una vez obtenida esa verdad (conocimiento), la activamos accionando en ella. De esa manera llega la libertad a nuestras vidas, a través de un conocimiento revelado que activamos. La libertad llega cuando nos examinamos a nosotros mismos buscando la raíz por la cual administramos nuestras finanzas de la manera en que lo hacemos. Surge cuando trabajamos conscientemente bajo la dirección del Espíritu Santo, utilizando herramientas prácticas y tomando decisiones sabias.

Una persona sana emocionalmente es alguien que

se conoce a sí mismo. La sanidad emocional no llega cuando hay falta de conocimiento. Es importante el conocer tanto nuestras limitaciones y debilidades como nuestras fortalezas. Todas ellas forman parte de nuestro ser. Si conociéramos qué hay en nuestro interior, el potencial ilimitado que poseemos, no nos sabotearíamos a nosotros mismos como muchas veces lo hacemos. Saber de todo lo que somos capaces aumenta y favorece nuestra autoestima.

> La autoestima es un recurso psíquico básico y esencial para poder sostener un sentido de supervivencia. Sin ella, los seres humanos no tendríamos la capacidad de defendernos y, por lo tanto, de sobrevivir a la hostilidad del medio.

> ¿Por qué es importante la autoestima? La decisión de querernos se convierte en un mecanismo de protección, y este facilita el éxito en las distintas metas que nos propongamos. Es más fácil aprender a valorarse cuando uno se quiere que cuando no lo hace. Si no me quiero a mí mismo, es más difícil que invierta tiempo en tratar de demostrarme que puedo hacer algo o que soy importante por el solo hecho de existir. El asunto es que quererse a uno mismo no es obligatorio, pero sí conveniente. [3]

Además de ello, amarnos, reconocer nuestro valor, es un mandamiento. En Mateo capítulo 22 encontramos que los fariseos vinieron a Jesús y

---

3 Idem 2

le preguntaron cuál era el más importante de los mandamientos. A lo que Jesús les respondió: "*Amarás al Señor tu Dios con todo tu corazón, y con toda tu alma, y con toda tu mente. Éste es el primero y grande mandamiento. Y el segundo es semejante: Amarás a tu prójimo como a ti mismo*". Podemos ver en estos versículos que el amarnos a nosotros mismos es un mandamiento que debe estar activo en nuestras vidas para que, conforme a la medida de este, amemos a nuestro prójimo. En otras palabras, para amar, tengo que amarme a mí primero.

Todos tenemos áreas negativas, errores que cometemos de los cuales nos arrepentimos. No obstante, siempre estamos a tiempo de mejorar y de cambiar o modificar aquello que no nos gusta. Y también tenemos cosas buenas, cosas que solo nosotros hacemos maravillosamente bien, y es en ellas que hoy debemos enfocarnos. En todas las maravillas que Dios ha puesto en nuestro interior. Mirémonos entonces desde este lugar, busquemos cuáles son nuestros puntos fuertes, no nos detengamos en nuestras debilidades y partamos desde allí hacia nuestra sanidad y a una nueva manera más misericordiosa y amigable de vernos.

3. EL BENEFICIO DE CONOCERME

Miremos los beneficios de conocernos a nosotros mismos. Quizás te preguntes: "*¿Es necesario que haga esto?*". A lo que respondería: "*Sí*". El conocerse a uno mismo traerá un mayor balance a todas las áreas de tu vida. Al mismo tiempo que:

- Baja nuestro nivel de ansiedad y de estrés. Cuando tú conoces tus debilidades y tus limitaciones, tus destrezas y tus habilidades, al enfrentarte a un problema, lo analizarás y lo evaluarás y accionarás conforme al conocimiento que tienes. Si tú sabes cuáles son tus puntos débiles, cuando el problema llegue, busca ayuda en esas áreas con un mentor, un amigo, un líder o un pastor. En lugar de llenarte de ansiedad y de estrés. Y al mismo tiempo, fortalécete en Dios en cada área de tu vida. Cuando nos conocemos a nosotros mismos, conocemos nuestras características, de lo que "*sí*" somos capaces y de lo que "*no*" somos capaces, y podemos mirar el problema y la situación a la luz de esas características que conocemos y decimos: "*¿Sabes qué? Esto lo puedo hacer. Esto lo puedo resolver. Esto lo puedo activar de cierta manera*".

A todo hombre le es concedido conocerse a sí mismo y meditar sabiamente. [4]

- Mejora nuestras relaciones con los demás. Mientras más conocimientos tengas de tus sentimientos, de tus áreas fuertes, de tus áreas débiles, será más fácil para ti comunicarlas y compartirlas con los demás. Asimismo comprenderás más empáticamente a otras personas y tendrás mayor afinidad y sensibilidad con la forma en que los otros reaccionan frente a determinadas situaciones. El filósofo francés Michel de Montaigne decía:

---

4 Frase de Heráclito

Quien se conoce, conoce también a los demás, porque todo hombre lleva la forma entera de la condición humana.

• Mejora nuestra autoestima. Ella crece cuando nos conocemos a nosotros mismos y damos valor a nuestra vida. Cada vez que nos miramos a través de lo que La Palabra dice que somos, nuestra estima se fortifica, crece, se afirma y se desarrolla. San Agustín dijo:

Conócete, acéptate, supérate.

Como resultado de conocernos a nosotros mismos, nuestra autoestima se desarrolla. Al desarrollarse, nuestra relación con los demás crece y se fortalece y, al mismo tiempo, nuestro nivel de ansiedad y de estrés baja mientras que nuestro ser interior crece y se vivifica.

4. CÓMO HACER PARA CONOCERSE A UNO MISMO

La Palabra del Señor nos dice en el evangelio de Juan que el Espíritu Santo que habita en nosotros nos revelará todas las cosas, aun lo escondido de Dios. En el Salmo 139:1, el salmista dice: "*Tú me has examinado, tú me has escudriñado y me has conocido*".

Dios nos conoce. Él sabe todo de nosotros. Nuestro embrión vieron sus ojos. Él nos formó en el vientre de nuestra madre, nos llamó por nuestro nombre, conoce nuestro pasado, nuestro presente y nuestro futuro. Es por eso que necesitamos venir a Él y decirle: "*Señor, revélame. Enséñame cuáles son esas áreas débiles, aquellas actitudes de mi vida que debo mejorar, cambiar y, por sobre todas las cosas, enséñame quién soy en ti*". A partir del momento en que comiences a intimar con Dios y le hagas conocer los deseos de tu corazón, a través de su Espíritu, el Señor comenzará a revelarte todas aquellas cosas que aun no han salido a la luz. Te mostrará cómo eres, cómo necesitas manejarte como madre, amiga, jefa y esposa y cómo ser una persona confiable y servicial en tu comunidad. El Espíritu Santo está siempre dispuesto a acompañarte en cada paso que des.

Cuando una persona se toma el tiempo y se determina a conocerse a sí mismo, todo su ser comienza a balancearse, a equilibrarse. Las emociones comienzan a sanarse y, como en un rompecabezas desarmado, cada pieza va tomando su lugar y surgen los cambios que necesitábamos. La paz nace en nuestro ser y todo comienza a verse desde un lugar de amor y respeto, por Dios y por uno mismo.

Cuando uno recibe, por ejemplo, un teléfono celular o un iPad nuevo y no conoce su funcionamiento, se frustra. Cuando uno comienza en un trabajo nuevo y no sabe los procedimientos, se siente cohibido ante los demás. Y nuestra ansiedad aumenta. Pero cuando comenzamos a instruirnos, a aprender sobre esa área que no conocíamos, nos calmamos y sentimos que sí se puede, que sí tenemos capacidades y talentos para todo lo nuevo que llegue a nuestra vida.

Estoy convencida de que si te animas a buscar y a

bucear en tu interior junto con el Señor, el Espíritu Santo te sorprenderá y te mostrará todo aquello que debes dar a luz y todas aquellas cosas que necesitas arrancar para caminar libre y "*sin carga*" cumpliendo el verdadero propósito por el cual fuiste creado.

5.

PARTE PRÁCTICA

Parte de nuestra rutina cada mañana es pararnos frente al espejo. Si alguien te preguntara cuán bien te conoces en base a lo que estás mirando en el espejo, ¿qué responderías?

a. Enumera tres eventos significativos en tu vida.

1. Mi Boda
2. El nacimiento de mis 3 Hijos
3. Cuando compramos Nuestra casa

b. Enumera tres eventos dolorosos en tu vida.

1. Abuso
2. El Divorcio de mis Padres.
3. Mi Papa no Me entrego

c. Enumera tres de tus más grandes deseos.

1. Viajar a P.R. con mi familia - Gastos Pagos
2. Ver a mis Hijos graduados y realizados
3. Tener ingresos residuos.

d. En detalle, ¿qué emociones provocaron estos eventos al escribirlos?

Quería llorar, Me senti Triste, emocional

e. ¿Existe un evento en particular que sigue

afectando tu vida o tus decisiones?

Todavia recuerdo el rechazo de mi juventud, y las cosas que me hubiera gustado que pasaran o no pasaran

f. Rinde esta área en oración a Dios.

Te invito a hacer esta oración conmigo:

"Padre, tú que me conoces, tú que me formaste en el vientre de mi madre, tómame de la mano y llévame al conocimiento de mí mismo. Llévame al conocimiento que traerá libertad y sanidad. En el nombre de Jesús, amén".

Pero Dios nos las reveló a nosotros por el Espíritu; porque el Espíritu todo lo escudriña, aun lo profundo de Dios.

1 Corintios 2:10

CAPÍTULO 2

ABRE TU CORAZÓN

*El Espíritu de Jehová el Señor
está sobre mí, porque me ungió Jehová;
me ha enviado a predicar
buenas nuevas a los abatidos,
a vendar a los quebrantados de corazón,
a publicar libertad a los cautivos,
y a los presos apertura de la cárcel.*

Isaías 61:01

1. APRENDIENDO A CAMINAR SIN VENDAS

Mi cuerpo no manifiesta visiblemente cicatrices. Hay una sola que solamente han visto los doctores y mi esposo. Esa misma cicatriz es testimonio vivo de que, en ese lugar de mi cuerpo, en el pasado, hubo una herida dolorosa que requirió de mucho cuidado y atención.

Hoy sabemos que existen diferentes tipos y tamaños de heridas. Heridas como el abandono, la traición, la soledad, la infidelidad, un divorcio inesperado, una enfermedad, la muerte de un ser querido, un sueño frustrado, necesidades no satisfechas y abusos de diversas índoles. Sin embargo, para todas estas heridas hay una solución: Jesús. Como nos dice el profeta Isaías, Jesús mismo vino a vendar a los quebrantados de corazón pero, a pesar de ello, hay heridas que las personas, e incluso los cristianos, no pueden sanar. Pareciera ser que están encarnadas en sus vidas, se hicieron permanentes, viven con nosotros por años y años y, en algunos casos, no percibimos que están alojadas allí cómodamente y permanecen abiertas. Lo que necesitamos saber es que, cuando una herida permanece abierta, esta se hace más profunda y muchas veces se infecta aun con riesgo de convertirse en una herida crónica.

¿Qué es una herida crónica? Una herida es una lesión que causa una ruptura en la piel. Podría también haber daño a los tejidos alrededor. Las heridas crónicas son heridas que no sanan completamente. [1]

¿Cuáles son las complicaciones que se producen cuando una lesión no cicatriza?

"Una herida que se demora en cicatrizar es una puerta de entrada a infecciones. Estas pueden ser locales, es decir, que solo afectan la zona del traumatismo; o convertirse en sistémicas invadiendo tejidos blandos más profundos, hasta terminar en un cuadro generalizado, incluso en una septicemia que compromete todo el organismo con riesgo de muerte". [2]

Esto sucede con nuestro cuerpo físico pero… ¿nos detuvimos a pensar qué le sucede a nuestro cuerpo cuando nuestras cicatrices emocionales no se cierran y no cicatrizan? No somos conscientes de que nuestras acciones o reacciones se deben a estas heridas. Estas son tan profundas que requieren de operaciones quirúrgicas y de la intervención del Espíritu Santo. En muchos casos, se necesita una operación a corazón abierto, cara a cara con Dios. Para ser completamente sanos, es menester que tú y yo abramos nuestros corazones a la obra del Espíritu Santo.

En la carta a los Filipenses 1:6 encontramos una de mis escrituras preferidas, la cual dice:

Estando persuadido de esto, que el que

---

1 https://www.allinahealth.org/mdex_sp/SD7388G.HTM
2 https://portal.alemana.cl/wps/wcm/connect/Internet/Home/blog-de-noti-cias/Ano+2011/01/Por+que+una+herida+no+cicatriza

> comenzó en vosotros la buena obra, *la*
> *perfeccionará hasta el día de Jesucristo.*

El Espíritu Santo es quien constantemente va moldeando en nosotros la imagen de Aquel que nos salvó. Nota que dice "*hasta*", lo cual significa que es una obra continua. La salvación es instantánea pero la transformación es un proceso continuo de cada día en aquellos que le permiten al Espíritu Santo obrar en sus vidas. Para que esto suceda, nos urge abrir nuestro corazón y rendirnos totalmente a la obra del Espíritu Santo.

Muchas personas que sirven a Dios, están en sus caminos, conocen su Palabra, declaran sus promesas y han sentido el toque de Él; sin embargo, no han abierto sus corazones para ser sanados de las heridas del pasado. Y así es como caminan diariamente: con vendas que utilizan como mecanismo de defensa, las cuales los alejan de Dios y los inhiben de desarrollar una relación íntima con Él.

Por lo general, las personas utilizan estas bandas o vendas como protección, no permitiendo así que alguien pueda entrar en sus vidas, incluso Dios. De esta manera, sus heridas permanecen abiertas y en continuo dolor. Es por ello que debemos abrir nuestro corazón y confiar que Dios traerá la sanidad que tanto necesitamos. La palabra "*quebrantado*" (Jesucristo vino para vendar a los quebrantados de corazón, dice La Biblia) se refiere a que Él vino a vendar a aquel que ha sido herido, maltratado, abandonado, traicionado. Aquel que ha sido abusado, vituperado, pisoteado, injuriado. Puedo testificar personalmente que he experimentado cada una de estas heridas, que he estado en cada una de estas posiciones. Momentos en mi vida donde me sentí abandonada, traicionada, vituperada, calumniada. Donde me sentí como el salmista en el Salmo 22:12: Me han rodeado muchos toros; fuertes toros de Basán me han cercado. Pero al abrirle mi corazón al Señor y dejar que el Espíritu Santo obrara en mí, comencé a recibir esa sanidad que el Señor promete en su Palabra y la libertad emocional que ha transformado mi vida.

Nosotros necesitamos un tutor como el Espíritu Santo porque nuestra mente y pensamiento están corrompidos, y nos lleva tiempo captar y creer genuinamente la verdad de quiénes somos en Cristo. Somos hijos reales del Reino de Dios, pero hemos pasado nuestras vidas enteras viviendo en los cuarteles de los esclavos. Nuestros pensamientos y la conducta no cambiarán del día a la noche. El Espíritu Santo que vive en nosotros como una presencia continua, con paciencia y amor, nos enseñará quiénes somos y cómo debemos pensar, hablar y comportarnos. [3]

2. GUARDA TU CORAZÓN

Proverbios 4:23 declara:

Sobre toda cosa guardada, guarda tu corazón;
porque de él mana la vida.

---

3 Munroe Myles; Redescubriendo el Reino; Destiny Image Publishers, 2006.

Para poder recibir una sanidad completa, es necesario seguir las instrucciones del autor del libro de Proverbios quien nos exhorta a, sobre toda cosa, guardar nuestro corazón; a, sobre cualquier circunstancia, protegerlo y prestarle atención; y a alimentarlo con los elementos indispensables para que se mantenga sano. El corazón no es otra cosa que nuestra alma: el asiento de nuestras emociones. Jesús dio su vida para salvar nuestra alma. Todo el plan de salvación está encerrado en la salvación de nuestra alma. Dios dio a su Hijo unigénito por la salvación de nuestra alma. Jesucristo se dio a sí mismo por la salvación de nuestra alma. En la cruz del Calvario, fue pagado un precio muy alto por la salvación de nuestra alma. ¡Por nuestra alma! Por nuestro corazón: el asiento de nuestras emociones.

El doctor Daniel López Rosetti, Jefe del Servicio de Medicina del estrés del Hospital Municipal de San Isidro, en Argentina, explica: "*El famoso 'corazón roto' no es solo una metáfora. Es la definición de un daño que puede resultar irreparable, un síndrome que deriva de las situaciones estresantes. Una fuerte discusión, terminar una relación afectiva o perder a un familiar pueden provocar que falte el aire, que se tensen los músculos, que el corazón se acelere y aumente la velocidad a la que fluye la sangre en las venas o que se nuble la vista, entre otras cosas. Todos síntomas que dan lugar a la aparición de la compleja patología*".

No somos seres racionales, somos seres emocionales que razonan. [4]

Regresemos a Isaías 61 donde leemos: "*Él vino a vendar a los quebrantados de corazón*". El término "*corazón*" nos habla del alma. El Señor vino a vendar a los quebrantados del alma. ¿Por qué Él quiere vendar nuestros corazones? Porque, como nos dice Proverbios, es del corazón, del alma, donde emana la vida. El lugar donde se producen nuestros deseos, anhelos, sueños, fuerza y energía para vivir. Todo lo que somos y todo lo que hacemos es resultado directo de la condición de nuestra alma. Es por ello que es tan importante que abramos nuestros corazones para que Dios nos sane, nos restaure y transforme nuestras vidas.

Cuando nuestro corazón no está sano, de este no va a brotar vida sino que va a brotar muerte, resentimiento, bronca, depresión, celos, envidia, odio, contienda. Abramos nuestro corazón a Dios y permitamos que, a través del Espíritu Santo, este sea sanado.

Antoine de Saint-Exupéry, autor de El Principito, escribió: "*Vivir es nacer poco a poco. Sería demasiado fácil si pudiéramos pedir prestadas almas preparadas*". Por eso, como no podemos pedir prestado un nuevo corazón, y aprendemos mientras caminamos, examinemos las cosas que guardaremos en nuestro corazón y aprendamos que de este brota la vida.

---

4 Frase del doctor López Rosetti

Llenémoslo de risa, de alegría, de recuerdos lindos, de Palabra nueva y fresca. Seleccionemos cada día lo que dejaremos entrar allí. Quitémosle las vendas para que pueda funcionar libremente.

3. PARTE PRÁCTICA

a. Toma el tiempo y cuenta todas las cicatrices visibles que tienes en tu cuerpo. Luego enuméralas y escribe una descripción corta de la manera en la que las obtuviste.

_____

_____

_____

b. ¿Cuál de todos los eventos dolorosos que has atravesado sigue sangrando o no ha sido sanado totalmente?

_____

_____

_____

c. En este espacio escribe las emociones que estás sintiendo o los pensamientos que tienes en este momento con respecto a ese hecho doloroso.

_____

_____

_____

d. ¿Cuál crees que es la razón por la cual no hay sanidad en esa área?

_____

_____

_____

e. Rinde esta área en oración a Dios en las próximas líneas:

"Gracias Jesús por ser nuestro Señor y Salvador. Gracias por la obra redentora de salvación. Hoy abro mi corazón totalmente, te lo entrego por completo, aun las áreas que he querido olvidar. Ven, sáname, sana mis heridas, restáurame, transfórmame. En el nombre de Jesús, amén".

Hijo mío, dame hoy tu corazón.

Proverbio 23:26

CAPÍTULO 3

EL PERFIL DE LA VÍCTIMA

*Porque cual es su pensamiento
en su corazón, tal es él.*

Proverbios 23:07

1. LO QUE ME DIGO A MÍ MISMO

Las palabras que salen de nuestra boca y que expresamos no son necesariamente lo que nos decimos a nosotros mismos. No son precisamente nuestro diálogo interno. Ambas cosas, las palabras que salen de nuestra boca y las que nos hablamos internamente, revelan lo que está en nuestros corazones. El Señor Jesús nos dice en Lucas 6:45 que *"de la abundancia del corazón habla la boca"*. Y de la abundancia de nuestro corazón, hablan nuestros pensamientos.

De la abundancia de nuestro corazón, surge nuestro diálogo interno. Es por ello que necesitamos prestar mucha atención a ese diálogo interno, ya que este tendrá un gran impacto en nuestras vidas.

Son los pensamientos negativos aquellos que nos limitan, que nos lastiman en nuestras mentes, que levantan prisiones internas y nos mantienen encadenados frenando las bendiciones que Dios tiene para darnos. Muchas veces adoramos y glorificamos al Señor, decimos que somos victoriosos, bendecidos y prosperados; pero nuestro diálogo interno es contrario a tales confesiones. Decimos que confiamos en Dios, que nuestra fe está depositada en Él, que somos más que vencedores; pero, si nos examinamos profundamente, nuestro ser está impregnado de duda y pesadumbre y muy lejos de las promesas que el Señor ha soltado para nuestra vida. Decimos que amamos a Dios, pero nuestro diálogo interno duda de sus bendiciones. Decimos que somos hijos de

Dios, pero nuestro diálogo interno habla lo contrario.

Dice un proverbio:

> Cuida tus pensamientos, porque se convertirán en tus palabras. Cuida tus palabras, porque se convertirán en tus actos. Cuida tus actos, porque se convertirán en tus hábitos. Cuida tus hábitos, porque se convertirán en tu destino.

¿Qué es un diálogo negativo? Pensamientos tales como *"no valgo para nada"*, *"nadie me ama"*, *"no puedo confiar en nadie"*. Pensamientos que no van de la mano con La Palabra de Dios, con los planes y el propósito que Él pensó para nuestras vidas.

De acuerdo a cómo hablemos, serán los resultados que tengamos. Si el diálogo interno es racionalmente positivo, te da energía y fuerzas; tanto tu mente como tu cuerpo funcionan dentro de una "zona" que abre nuevas posibilidades de éxito. Si tu diálogo interno es "negativo", lo sientes incluso a nivel celular. Engloba y refleja tu verdad y, por lo tanto, el concepto de ti mismo. Con todo lo que sientes, dices y haces, ese contaminado concepto de ti mismo se presenta cuando tú le muestras al mundo una serie de mensajes negativos. El mundo, por supuesto, va a responder en consecuencia. [1]

En el libro de Jeremías 29:11 Dios nos promete, a través del profeta, que Él tiene pensamientos de bien y no de mal, para darnos un buen fin. Todo el plan de redención o salvación está encerrado en

---

1 Mc Graw, Ph.D Phillip C.; Eres importante. Construye tu vida desde el interior; Santillana Ediciones Generales, 2005.

este versículo y ese es el propósito y el corazón de Dios: bendecirnos, restaurarnos, prosperarnos y que vivamos vidas abundantes. Pero nosotros tenemos que ser transformados a través de la renovación de nuestro entendimiento. Nuestros pensamientos tienen que ser cambiados, tienen que ser transformados, tienen que ser renovados. Necesitamos tener en nosotros la misma mente que hay en Cristo para que nosotros, entonces, podamos disfrutar vidas abundantes y victoriosas en Cristo Jesús.

2. EFECTOS SECUNDARIOS DE LOS DIÁLOGOS INTERNOS

Las personas que han sido profundamente abusadas sufren de efectos secundarios que las limitan y no les permiten disfrutar de vidas fructíferas y de abundancia. En la mayoría de los casos, estas personas no son conscientes de los efectos secundarios que la herida produce en su ser, al no haber sido cerrada. Ellos no perciben que estos efectos secundarios influyen de una manera u otra en sus decisiones, sus acciones y la forma y calidad de vida que están desarrollando.

El primero y uno de los efectos secundarios más fuertes y comunes que encontramos es la baja autoestima.

¿Has visto a las personas que se tropiezan porque las empujaste sin querer y te piden disculpas? Tal vez por estar cerca de ti y ponerte en su camino. De acuerdo con las investigaciones del Instituto de la autoestima, esto habla de una autoestima baja, debido a la cual

la persona está segura de que, si algo sale mal, es por su culpa. Algunas personas, después de lograr ciertos éxitos en la vida, responden a un elogio con frases del tipo "solo tuve suerte", o "así es la vida", pretendiendo que todo sea cuestión del destino y olvidando cuánto han trabajado por ese resultado. A algunas personas les gusta justificarse, aun si no hay razones para esto. Interpretan cualquier frase de su interlocutor, incluso un cumplido, como un reclamo o crítica y por algún motivo empiezan a defenderse, empezando su respuesta con: "Solo es...". Por ejemplo, al escuchar: "¡Te ves fabulosa!", responden: "Solo es el maquillaje", como si quisieran justificar su belleza. [2]

Aquellos que tienen baja autoestima, por lo general, tienden a aceptar constantemente la injusticia de otros, permiten seguir siendo abusados, aunque no por la misma persona en ciertos casos. Sin embargo, se enfrentan una y otra vez a la misma situación o a situaciones parecidas. La persona que tiene baja autoestima vive con sentimientos de culpabilidad y condenación constantes, creyéndose culpable del abuso que sufrió.

Otro efecto de la persona que padece baja autoestima es que ella misma es su peor crítico, constantemente trayendo desaprobación a su vida. La persona que tiene baja autoestima va en busca del amor y la aprobación de otros, con desesperación y todo el tiempo. La persona que tiene baja autoestima se siente sin valor para recibir

---

2 https://genial.guru/inspiracion-psicologia/10-frases-que-revelan-la-autoestima-baja-446760/

amor, respeto y aprobación. Consecuentemente estos mismos sentimientos se reflejan en su relación con Dios afectando sus niveles de crecimiento en el Espíritu y de intimidad con el Señor.

Este fue el caso de Gedeón que nos narra el libro de Jueces, en el capítulo 6. Aunque el Ángel de Jehová le llamaba *"hombre valiente"*, él se negaba a aceptarlo. Asimismo muchos que han recibido agravios, abusos, injurias o abandonos viven bajo los efectos secundarios de la baja autoestima y, a pesar de que La Palabra del Señor les dice que ellos son reyes y sacerdotes, se niegan a aceptarlo y a abrazar la verdad y a esa revelación profunda de la verdad de Dios.

Es por ello que si anhelamos avanzar en la vida, salir de la cárcel mental y emocional en la que hoy nos encontramos, nos urge romper con este tipo de diálogos internos. Necesitamos comenzar a vernos de la misma manera que Dios nos mira, a hablarnos de la misma manera en que Jesús nos habla.

Ahora, así dice Jehová, Creador tuyo, oh Jacob, y Formador tuyo, oh Israel: No temas, porque yo te redimí; te puse nombre, mío eres tú (Isaías 43:1).

Ya no os llamaré siervos, porque el siervo no sabe lo que hace su señor; pero os he llamado amigos, porque todas las cosas que oí de mi Padre, os las he dado a conocer (Juan 15:15).

Antes que te formase en el vientre te conocí,

*y antes que nacieses te santifiqué, te di por
profeta a las naciones (Jeremías 1:5).*

Dios nos llama hijos, amigos, profetas. Él nos habla con honor y con honra, con amor y con misericordia. Si de Él emanan estas palabras, ¿por qué tratarnos a nosotros mismos con tan poca compasión y amor? Comencemos a mirarnos como Dios nos mira. Su amor no tiene medida y ya lo demostró dando a su Hijo por nosotros en la cruz del Calvario para que nosotros, al recibir a Cristo, vivamos vidas sanas, completas y bendecidas.

Otro efecto secundario de la mentalidad de víctima es el temor. El temor al abandono, al fracaso, al rechazo, a la intimidad. Y, en muchos casos, un temor mal fundado hacia Dios. "*¿Y si Dios me castiga?*". "*¿Y si Dios se enoja conmigo?*". "*¿Y si ya no soy salvo?*". El temor puede ser real o imaginario, racional o irracional, normal o anormal. Muchos utilizan el temor como un arma defensiva. El temor es una emoción natural dada por nuestro Creador pero, cuando este es permanente y no tiene fundamentos, se convierte en una emoción tóxica que daña nuestras vidas, que nos limita de ir tras nuestros sueños y de contagiar la bendición que Dios puso en nuestro interior a otros.

2 Timoteo 1:7 dice:

> *Porque no nos ha dado Dios espíritu
> de cobardía, sino de poder, de amor y de
> dominio propio.*

Debemos abrazar esta verdad y caminar como hijos de Dios llenos de poder, de amor y de dominio propio. Sin importar las circunstancias, las injurias y los agravios del pasado.

Otros efectos secundarios de la mentalidad de víctima son las adicciones, los excesos, las compulsiones y el perfeccionismo.

Ahora bien, si todos estos diálogos internos negativos nos hacen mal y lo sabemos, ¿por qué los seguimos teniendo? ¿Por qué permanecemos en ellos, si nos hacen daño? ¿O acaso no nos sentimos merecedores de la gracia de Dios y de tener una vida feliz? ¿Hemos sanado realmente todas las heridas que hay en nuestro interior? ¿Somos conscientes de todas ellas o las tapamos y nos las dejamos salir a la luz para no sufrir?

3. NECESIDADES BÁSICAS

Los seres humanos fuimos creados con tres necesidades básicas:

a. La necesidad de sentirnos amados.

b. La necesidad de sentirnos seguros o protegidos.

c. La necesidad de sentirnos valorados.

Estas necesidades deben ser suplidas desde el momento en que nacemos pero, a veces, no ocurre así. Cuando un niño no se siente amado, protegido y valorado por sus progenitores, comienza a sentirse inseguro con él mismo y con el medio que lo rodea.

Cuando los padres están ausentes, física o emocionalmente, y el niño no recibe la protección que necesita ni es estimulado, motivado, abrazado y querido, y es abusado, crece inseguro.

Cuando un padre abusa físicamente de su hijo, el niño se siente inseguro. Todo niño que experimenta abuso sexual, ya sea de parte de familiares o de otras personas, no se siente protegido y no sabrá cómo manejarse en el mundo que le toca vivir. Cuando el niño es abusado verbal y emocionalmente, siente que no tiene valor y que no merece tener lo que los otros niños de su edad tienen.

Estas tres necesidades básicas, el sentirnos amados, seguros y protegidos y valorados, no terminan en la niñez sino que trascienden hacia la adultez. Cuando no nos sentimos amados por nuestros seres queridos, o por nuestras parejas, o por nuestros hijos, nuestro ser interior queda dañado y herido. Cuando no nos sentimos seguros y protegidos (especialmente la mujer de parte de su esposo) y cuando sentimos que no tenemos valor (muchas veces el hombre de parte de su esposa), nos percibimos como indefensos frente al mundo exterior. Si en nuestro mundo interior somos lastimados y no somos apreciados, ¿cómo nos aceptará el mundo exterior que no nos conoce? Lamentablemente cuando estas necesidades básicas no son suplidas, en algunos casos, la persona tiende a buscar la satisfacción de ellas en elementos externos o en otras personas.

Todas estas necesidades solamente pueden ser suplidas por Dios y a través del Espíritu Santo. Dios es nuestra provisión. En el libro de Éxodo, cuando Dios se le presenta a Moisés y este le cuestiona: "*Cuando ellos me pregunten quién me envió, ¿qué les diré?*", Él le responde: "*El Yo Soy te envía*". Al decir: "*Yo Soy*", el Señor estaba diciendo: "*Yo Soy todo lo que necesitan. Yo Soy Jehová Jireh. Yo Soy Jehová Shalom. Yo Soy Jehová Rafa. Yo soy Jehová Shama*".

Cuando estas necesidades no están suplidas en nuestra vida, tenemos que acercarnos a Dios, tener intimidad con Él. Jesús nos promete en la carta a los Filipenses 4:19 que "*Él suplirá todas nuestras necesidades, de acuerdo a sus riquezas en gloria*". No algunas de ellas sino todas nuestras necesidades y no escasamente sino abundantemente conforme a sus riquezas en gloria.

Durante años yo busqué la satisfacción de estas necesidades en otras personas, en mis logros, llenándome de objetos y actividades que nunca me satisfacían. Por mucho tiempo, me levanté cada mañana con un gran vacío interior preguntándome cuál era la verdadera razón de mi vida. No importaba cuál era el logro o la celebración, cada día me sentía más vacía. A pesar de que ministraba y predicaba, mi espíritu no rebosaba de gozo, algo en mí me inquietaba y no me permitía disfrutar de las bendiciones que estaban a mi alcance. Hasta que en un momento determinado, me pregunté: ¿Es posible predicar abundancia y no tenerla? ¿Es posible predicar gozo y nunca haberlo experimentado totalmente? Y la respuesta es sí, y a mí me sucedió. Como dice el libro de Job: "*De oídas te había oído*". Pero yo quería más, anhelaba más para mi vida. Deseaba ver experimentar la sanidad de Dios.

El hecho es que el efecto del abuso en la vida de una persona es desgarrador y, al habitar con este por años y años, sus consecuencias son devastadoras. El corazón y el espíritu se adormecen y, aunque prediquemos la soberanía y el poder restaurador de Dios, si no lo hemos experimentado, quedaremos encerrados en una burbuja de falsos proyectos, preceptos y sentimientos.

Sin darnos cuenta y sin querer, aprendemos a fingir, a llevar una máscara de que *"todo está bien"*, que trasciende nuestra relación con Dios. Es por ello, que el apóstol Pablo nos exhorta, en Efesios 4:22, a despojarnos del viejo hombre, que está viciado conforme a los deseos engañosos. Deseos que son los resultados, o los efectos secundarios, de una trayectoria de heridas, abusos y engaños. Pablo nos exhorta a ser renovados en el espíritu de nuestra mente y a vestirnos del nuevo hombre, creado según Dios en justicia, haciendo lo que es correcto; y de la santidad, siendo separados para Dios; y de la verdad, viviendo en lo genuino y en honestidad con nosotros mismos y con los demás.

Cuando cambiamos nuestra manera de mirarnos y hablarnos, cuando nos aceptamos, cuando ponemos en práctica el mandamiento que el Señor nos dio: *"Ama a tu prójimo como a ti mismo"*, todo comienza a cambiar. Cuando nos determinamos a sanarnos porque creemos que somos merecedores de todo lo bueno que Dios preparó para nosotros, cuando

ɔ el Salmo 23, cuando creemos y
e fuimos creados a imagen y semejanza
ando le permitimos al Espíritu Santo
ːn nuestro interior y sanar, restablecer y
nuestras emociones, cuando le permitimos
ɔto entrar en nuestra vida y arrancar de cuajo
abuso y ese dolor, cuando sabemos que en la peor
ːtuación que hayamos pasado, ya sea que se trate de
un abuso sexual, de la muerte de papá o mamá, de
una traición o de una infidelidad, nos damos cuenta
de que Dios siempre nos sostuvo en la palma de su
mano y otra es la historia que contaremos. Pasamos
por el fuego pero este no nos quemó; pasamos por las
aguas pero salimos de estas caminando. Por el poder
vivificador y resucitador de Cristo en nosotros.

4. PARTE PRÁCTICA

a. Toma unos minutos en silencio, cierra tus ojos y piensa en la última ocasión en la cual te dirigiste al público.

_____

_____

_____

b. ¿Qué tipo de diálogo vino a tu mente?

_____

_____

_____

c. Enumera tres palabras que forman parte de tu diálogo interno diario.

_____

_____

_____

d. ¿Cuál de las palabras anteriores han afectado, o siguen perturbando, tus decisiones y acciones?

_____

_____

_____

e. ¿Con qué palabra podrías sustituirla?

_____

_____

f. Rinde esta área en oración a Dios.

Quiero compartir contigo esta oración:

"Dios, te doy gracias por tu amor. Renuévame, hazme una nueva criatura con una mente nueva, un caminar y un accionar nuevos. Ayúdame a caminar conforme al Espíritu y en el Espíritu. En el nombre de Jesús, amén".

De oídas te había oído; mas ahora mis ojos te ven.

Job 42:5

CAPÍTULO 4

PERSONALIDADES DE SUPERVIVENCIA

Y creó Dios al hombre a su imagen,
a imagen de Dios lo creó;
varón y hembra los creó.

Génesis 1:27

1. A IMAGEN Y SEMEJANZA DE DIOS

Dios nos creó a su imagen, con sus atributos y con sus características tales como la paz, el amor, la bondad, la paciencia y el poder creativo de nuestras palabras. Lamentablemente el abuso, juntamente con el pecado, dañó esa imagen creando en nosotros personalidades de supervivencia.

¿Sabías que el abuso, el abandono y la injuria que has atravesado te han hecho crear inconscientemente personalidades para sobrevivir? Estas personalidades muchas veces nos llevan a tomar decisiones que luego lamentamos, las cuales determinan nuestra calidad y crecimiento espirituales, como hemos citado anteriormente. Personalidades de supervivencia que a menudo creemos que son normales, pero no lo son sino que son el resultado del abuso, la injuria o el abandono. Veamos a qué tipo de personalidades nos estamos refiriendo:

a. La persona dependiente

El apego es una vinculación mental y emocional (generalmente obsesiva) a objetos, personas, actividades, ideas o sentimientos, originada en la creencia irracional de que ese vínculo proveerá, de manera única y permanente, placer, seguridad o autorrealización. Léase bien "permanente" (indestructible, eterno, inmodificable, arraigado). En consecuencia, la persona apegada estará convencida de que sin esa relación estrecha (adherente o dependiente) le será imposible ser feliz, alcanzar sus metas o tener una vida normal y satisfactoria. [1]

La persona dependiente no toma responsabilidades propias, sino que continuamente delega esas responsabilidades en otros. Usa expresiones como: "*te necesito*", "*tú lo haces mejor que yo*", "*yo no lo puedo hacer*". De igual manera, en algunos casos, este tipo de personalidad utiliza la dependencia, o falta de responsabilidad, para controlar y manipular la relación. Se muestra indefenso y débil ante los demás buscando así la ayuda del otro.

Como cita el reconocido escritor Walter Riso en su libro Despegarse sin Anestesia: "Crear una relación dependiente significa entregar el alma a cambio de obtener placer o un dudoso sentido de autorrealización. Dependemos de los adultos cuando somos niños, y de un guía si estamos perdidos. Siempre habrá   dependencias razonables, útiles y saludables. Lo que es preocupante y dañino es la dependencia irracional, superflua y prescindible, aquella que no tiene más fundamento que tus propios déficits, miedos e inseguridades." [2]

> *Todos los problemas del mundo provienen del apego.* [3]

Un ejemplo de ello fue el paralítico del estanque de Betesda que relata el evangelio de Juan, en el capítulo 5.

---

1 Riso Walter; Desapegarse sin anestesia; Ediciones Planeta/Zenith, 2013.

2 Idem 1

3 Frase de Lama Yeshe

El estanque de Betesda era conocido porque un ángel, una vez al año, venía a mover las aguas. Una vez que las aguas eran movidas, la primera persona que entraba en ellas era sanada. Este paralítico había estado allí, junto al estanque, por 38 años. En una oportunidad, Jesús se le acercó diciéndole: "*¿Quieres ser sano?*". A lo que el hombre comenzó a poner excusas y delegar responsabilidad diciendo:

Señor (…) no tengo quien me meta en el estanque cuando se agita el agua; y entre tanto que yo voy, otro desciende antes que yo.

Este hombre daba excusas. Pensemos… a pesar de su situación, él disponía de 364 días para planificar cómo estar cerca del estanque o, por lo menos, cómo pedir ayuda para que sus pies estuvieran ya en el agua para cuando pasara el ángel a moverlas. Él habría podido pedirles a sus familiares y amigos que todos los días lo llevaran hacia ese lugar para ser el primero en tomar esta oportunidad de sanidad. Sin embargo, no sucedió así. Este paralítico, a pesar de su condición física, no tomaba la responsabilidad de su circunstancia, algo muy común en aquellos que han experimentado algún tipo de abuso, injuria o abandono. Estamos conscientes de que no somos culpables de la injuria recibida pero es nuestra responsabilidad absoluta lo que haremos de allí en adelante. Dios nos creó con libre albedrío, el cual nos capacita para tomar decisiones propias y de ellas depende el mantenernos en una posición de víctima o de levantarnos y decir: "*Señor, sí quiero. Quiero ser sano de mis heridas, de mi pasado*".

b. La persona complaciente

La persona complaciente constantemente busca la manera de cumplir los deseos de los demás. Siempre antepone los deseos, antojos y requisitos de otros a sus propios deseos, sus propias necesidades y, muchas veces, sus propias responsabilidades. Así busca la aprobación y la validación del otro. Por lo general, son personas que no han recibido el amor, la motivación, el empuje, las caricias que necesitaban. Por ende, esa hambre de amor, de aceptación y de caricias, los hace poner a alguien más en primer lugar antes que sus propias necesidades. El tema es que vivir complaciendo a los demás se convertirá en un determinado momento en un problema para nuestras vidas. Luchar por la aprobación del otro termina agotando a la persona que busca todo el tiempo agradar y servir buscando el amor y la mirada. La persona complaciente siente que siempre hay algo más para hacer, una necesidad más que satisfacer, para lograr la felicidad del otro en desmedro de la suya propia.

En la mayoría de los casos, las personas con este tipo de personalidad se pierden en la identidad del otro. Un ejemplo de esto lo vemos en Éxodo, en el capítulo 32. Aarón, el hermano de Moisés, a quien Dios había elegido como mano derecha de Moisés y posteriormente como sumo sacerdote de toda la nación de Israel, fue dejado a cargo del pueblo de Israel mientras Moisés subía al monte a recibir lo que hoy conocemos como los Diez Mandamientos: las leyes levíticas y las instrucciones que el pueblo necesitaba para edificar el tabernáculo. Las Escrituras nos dicen que, como Moisés tardó más de lo que el pueblo esperaba, comenzaron a desesperarse y a demandarle a Aarón que les hiciera un becerro para adorar. Aarón, en respuesta a sus emociones y debido a su personalidad de complacencia, cedió a los requisitos de ellos, aun sabiendo que no era la voluntad de Dios.

Como Aarón, todos podemos decir que hemos actuado de esa manera en algún momento de nuestras vidas. El peligro surge cuando esto se convierte en una personalidad permanente. ¿Cuántos hombres y mujeres entregan sus cuerpos a un tercero solo por complacer a otro individuo? ¿Cuántos se niegan a ellos mismos y se sumergen en pecados que los ahogan, solo por complacer a los demás?

Veamos algunos rasgos de la persona complaciente:

- *No sabe cómo cortar lazos con nadie.*

- *Se disculpa por todo, literalmente.*

- *No sabe decir que no.*

- *No saca tiempo para sí mismo.*

- *Algunas personas se aprovechan de él o ella con frecuencia.*

- *No sabe ser egoísta.*

- *Prefiere atender a los otros que a sí mismo.* [4]

Nuestro Señor Jesucristo solo buscó hacer la voluntad del Padre que le envió y esa debe ser nuestra

---

4 https://lavozdelmuro.net

actitud. Él nos dejó un mandamiento hermoso: amar al otro como a nosotros mismos. Por eso, necesitamos buscar esa voluntad perfecta para nuestras vidas sabiendo que la voluntad de Dios está completa de pensamientos de bien y de bienestar para nuestra vida. Pensar en uno mismo es respetarnos. El Señor nos da para dar pero también para que disfrutemos de todas sus bendiciones, su amor, su gracia, su misericordia y su favor cada día.

c. La persona súper servidora

La persona súper servidora basa su valor en el servicio a los demás. Esto lo vemos muchas veces especialmente en las mujeres. Estas personas pueden ser vistas como seres humanos llenos de amor pero, en realidad, suelen sentir un gran vacío interior. Viven buscando satisfacer ese vacío interior a través de las obras que realizan por los demás.

Un ejemplo de ello lo encontramos en el evangelio de Lucas, en el capítulo 10, que relata la historia de Marta y María. Todos hemos leído cómo nuestro Señor Jesús acostumbraba visitar el hogar de Lázaro, Marta y María. En esta ocasión, encontramos a María sentada a los pies de Jesús, atenta a sus enseñanzas. Mientras que Marta se quejaba con Jesús diciendo: "*¿No te da cuidado que mi hermana me deje servir sola? Dile, pues que me ayude.*" A lo que Jesús le responde: "*Marta, Marta, afanada y turbada estás con muchas cosas*". Marta vivía afanada, agobiada, llena de actividades que no tenían sentido ni propósito. Muchas de las actividades que a veces realizamos, al igual que Marta, no nos dan sentido ni nos gratifican pero sentimos que, al servir al otro, nuestra necesidad de identidad y de encontrar nuestro lugar será suplida.

¿Cuántas veces en nuestras vidas nos hemos encontrado como Marta? Trabajando arduamente, aun para el ministerio, sacrificándonos por otros cuando realmente solo estamos buscando satisfacer nuestra propia necesidad. Una necesidad que nació como resultado de un abuso, de una injuria o de la falta de amor y validación que nos llevó a desarrollar una personalidad servidora.

El tema aquí no es no ser una persona servicial o ayudadora, pues sabemos que este tipo de personas hacen que nuestro mundo sea cada día mejor y más solidario. El hecho es que podamos darnos cuenta de cuando ese servicio es desmedido y no nos permite ver nuestras propias necesidades, nuestras carencias y las áreas de nuestra vida que requieren ser sanadas.

d. El actor

Siempre me ha llamado la atención que la mayoría de los protagonistas de las novelas románticas estadounidenses suelen vivir en casas o apartamentos muy bien amueblados y cambian de vestuario prácticamente en cada escena, mientras trabajan como meseros o en cafeterías. Sin embargo, el salario que en la vida real estas profesiones generan no concuerda ni con el vestuario que usan ni con los lugares donde viven. Y aun menos con el tipo de automóviles que tienen.

Así sucede con aquellas personas con personalidad de actor. Sus vidas parecen sacadas de una película de

Hollywood. Todo parece perfecto, nada parece estar fuera de orden. No obstante, viven constantemente llenos de temor que alguien descubra que sus vidas no son tan perfectas. Las personas con *"personalidad de actor"* son aquellas que tú ves desde afuera y dices: "Es que todo lo que haces es perfecto. Es que tu vida es un sueño". Pero en realidad está actuando. Es un libreto que ha creado como resultado de sus heridas.

En 2 Reyes capítulo 4, encontramos a la mujer sunamita. Una persona prominente juntamente con su esposo. La palabra del Señor nos dice que ella decidió separar en su casa una habitación con una cama, una mesa, una lámpara y una silla para el profeta Elías para que, cuando él pasara por el lugar, tuviera dónde quedarse. Era natural que el profeta quisiera corresponder el favor que ella hizo como agradecimiento, por lo que le preguntó qué podía hacer por ella. La mujer respondió en su personalidad de actora: *"Yo habito en medio de mi pueblo"*. En otras palabras: *"Soy una mujer importante, reconocida, sin necesidad de nada"*. Aun así, el profeta Elías no se dio por vencido y le preguntó a su siervo qué podía hacer por ella en agradecimiento. El siervo le comentó: *"Ella no tiene hijos"*. No importa lo que ella haya dicho o como se veían las cosas desde afuera, la realidad es que su vida era una actuación. La sunamita había desarrollado un personalidad de supervivencia por el dolor que llevaba internamente.

Así como la sunamita, especialmente en nuestros tiempos, muchas personas día a día actúan siguiendo un libreto que no es el propio, el que verdaderamente aman y anhelan, el cual les roba el tiempo y la capacidad de vivir la vida plena y abundante que Dios les ha dado. La actuación de muchos ha roto cientos de familias, de parejas, de relaciones, por fingir llevar una vida que no coincide con lo que sucede dentro de su alma y su espíritu. Por ello, para vivir una vida plena y abundante, necesitamos cerrar el teatro y salir a la vida real cristiana, donde Jesús nos toma de la mano cada día ayudándonos en nuestras debilidades. Y junto con Él, nos hacemos fuertes.

e. El controlador o manipulador

El controlador o manipulador se siente seguro solo cuando está en control de todas las cosas. Busca constantemente controlar o manipular a las personas y las circunstancias que suceden a su alrededor.

"El manipulador consigue sus objetivos mediante el uso de la seducción, sin el consentimiento a priori del otro. Dirige la voluntad de la víctima, abusando de su sensibilidad y vulnerabilidad. La manipulación es siempre una agresión hostil. Es un ejercicio solapado, tortuoso, arbitrario y abusivo del poder, aunque la actitud del manipulador encubre eficientemente la razón y la naturaleza de los motivos, de los medios y de los fines que persiguen sus acciones. Todo manipulador posee una gran habilidad para fabricar impresiones de la realidad, ilusiones virtuales que le permiten esconder sus artimañas y ficciones. Es por eso que suele decirse que son grandes prestidigitadores. Las personas afectadas por la manipulación pierden la capacidad de hacer un uso pleno del ejercicio racional, quedan inhabilitadas para reflexionar, resolver o elegir el curso de acción que más les conviene y tampoco están en condiciones de resistir o de liberarse de la relación de poder a la que están sometidas." [5]

Un ejemplo de ello lo encontramos en el libro de Génesis, a través de la vida de Jacob.

Toda su vida, casi hasta el final, fue un típico caso de personalidad controladora, siempre queriendo manipular las circunstancias y a las personas a su favor. Primeramente lo encontramos haciendo una sopa de lentejas para manipular a su hermano para que le vendiera su primogenitura, sabiendo que este regresaría al hogar cansando y con mucho hambre. Luego, juntamente con su madre Rebeca, manipula la situación tomando provecho de la ceguera de su padre Isaac y logra robar así la bendición que le correspondía a su hermano. Más adelante lo vemos una y otra vez controlando y manipulando la situación en casa de su suegro Labán y en cada ciudad a la que llegaba. Además de Jacob, encontramos en las historias de La Biblia a Jezabel, Saúl y otras personas llenas del espíritu de manipulación que destruyeron no solo sus propias vidas sino la de aquellos cercanos a ellos.

La personalidad del controlador puede llevar al individuo a tomar la posición de Dios, convirtiéndose en su propio dios. Este manipula circunstancias y a personas a su antojo y, poco a poco, va aislando a todos a su alrededor. Puede incluso llegar a desear manipular la voluntad de Dios.

---

5 Hussmann Gloria, Chiale Graciela; La trampa de los manipuladores: Cómo identificarlos y aprender a decir ¡basta!; Ediciones del Nuevo Extremo, 2008.

f. El mártir

El mártir toma la posición de sufrido y busca constantemente la compasión de otros. Esta personalidad no es una película de Hollywood sino una telenovela con drama y pesares en cada capítulo. Recuerdo la primera vez que mi esposo me llamó dramática. Quedé petrificada por un largo rato, especialmente porque me lo dijo en español, aunque él solo habla inglés. Es por ello que yo me identifico mucho con esta personalidad y decidí escribir sobre ella.

Podemos ver un ejemplo de esta personalidad en Gedeón. En el libro de los Jueces, en el capítulo 6, leemos que, aunque el ángel le decía a Gedeón que era un hombre valiente, un hombre de Dios, él solo se concentraba y repetía que era de la casa más pequeña de David, que estaban viviendo una gran opresión por causa de sus enemigos, que no tenían libertad y que debía trabajar el trigo en la noche en medio de un viñedo. ¿Te identificas con este tipo de personalidad? Yo sí. ¿En cuántas ocasiones nos hemos comportado o reaccionado como Gedeón? A pesar de las bendiciones, de las promesas y de las victorias, constantemente solo miramos el pasado y las circunstancias adversas que enfrentamos. Como Gedeón, hemos desarrollado una personalidad de mártir, convirtiéndonos en víctimas permanentes de una herida del ayer. Dios en su Palabra nos promete cambiar nuestro lamento en baile y ceñirnos de alegría. Solo tenemos que mirarnos como Él nos mira.

Cada una de estas personalidades antes mencionadas es desarrollada por las personas que han sido dañadas, abusadas, injuriadas, abandonadas, traicionadas y heridas. Dichas personalidades se desarrollan internamente y se manifiestan inconscientemente. El libro de 2 Corintios 3:18 declara:

> *Por tanto, nosotros todos, mirando a cara descubierta como en un espejo la gloria del Señor, somos transformados de gloria en gloria en la misma imagen, como por el Espíritu del Señor.*

Es por ello que nosotros debemos desarrollar la personalidad de Cristo en nuestro ser. No fabriquemos una personalidad de supervivencia o salvataje. Dios, a través del Espíritu Santo, nos invita a movernos, accionar y vivir conforme a la imagen de su Hijo que mora en nosotros.

Vivamos la vida que Jesús diseñó y pensó para cada uno de nosotros. Enfoquémonos en ella, no pretendiendo vivir la vida del otro, sino la nuestra propia. Vivir nuestra propia vida es un desafío diario. No cumplamos un rol que no sea el de ser protagonistas y artífices de nuestro diario vivir. Somos hijos del Dios Altísimo y fuimos creados a su imagen y semejanza. Aprendamos a caminar y a vivir desde esta posición: HIJOS.

2.   PARTE PRÁCTICA

a. ¿Con cuál o cuáles de las personalidades anteriores te has identificado?

_____

_____

_____

b. Medita acerca de la última vez que utilizaste este tipo de mecanismo. ¿Cuáles fueron los resultados?

_____

_____

_____

c. Define lo que significa para ti la palabra "*víctima*".

_____

_____

_____

d. Busca en el diccionario y escribe tres antónimos de la palabra "*víctima*".

_____

_____

_____

e. Compara estos tres antónimos con tres escrituras de La Palabra de Dios.

_____

_____

f. Rinde esta área en oración a Dios.

Quiero compartir contigo esta oración:

"Padre, reconozco que tú lo haces todo perfecto. Rindo a ti todo lo que soy esperando a cambio que me ayudes a través de tu Espíritu Santo a encontrarme conmigo mismo/a. Quiero ser real, quiero ser genuino/a. En el nombre de Jesús, amén."

Porque en él vivimos, y nos movemos, y somos; como algunos de vuestros propios poetas también han dicho: Porque linaje suyo somos.
Hechos 17:28

CAPÍTULO 5

HABLEMOS DEL ABUSO

*Entonces Tamar tomó ceniza
y la esparció sobre su cabeza,
y rasgó la ropa de colores
de que estaba vestida,
y puesta su mano sobre su cabeza,
se fue gritando.*

2 Samuel 13:19

1. QUÉ SIGNIFICA SER ABUSADO

Dos de las definiciones que encontramos del término abuso son las siguientes:

1. Uso excesivo de algo en perjuicio propio o ajeno.

2. Aprovechamiento excesivo de los servicios o las cualidades de una persona o trato deshonesto por el poder o la fuerza.

Según estas definiciones, podemos concluir diciendo que, al referirnos al término "*abuso*", estamos hablando del uso excesivo o indebido de algo o de alguien. El abuso es un daño emocional, verbal, espiritual, sexual o físico. Ser abusado es haber sido tocado por la maldad. El abuso, cualquiera sea su género, tiene su raíz en el pecado que habita en el corazón de la persona que abusa y en la obra de Satanás para destruir a la persona que ha sido víctima.

Jesús nos dice en el evangelio de Juan 10:10: *El ladrón no viene sino para hurtar y matar y destruir. Esa es la obra del enemigo. Pero en Cristo está nuestra esperanza. Él vino para que tengamos vida y para que la tengamos en abundancia. Vidas prósperas, llenas de gozo, paz, liberación y salvación.*

Ahora bien, ¿qué le sucede a la persona que ha sido abusada? Lamentablemente, debido al gran dolor y muchas veces a la humillación que ella misma siente, levanta paredes o murallas emocionales sin darse cuenta de que estas la separan cada vez más, la aíslan del resto, precisamente en el momento en que más le urge contar con el otro para comenzar el proceso de su sanidad. Estas construcciones, muros que levantamos para no volver a ser lastimados, nos cohíben de amar y de ser amados. Y no solo eso, sino que también afectan nuestra relación con Dios, nuestro crecimiento espiritual y el hecho de que tomemos posesión de sus bendiciones y promesas para nuestra vida.

Numerosos estudios han demostrado que las víctimas de abuso sexual pueden padecer problemas de salud físicos y psicológicos, como depresión, ansiedad, trastornos de la alimentación y el sueño, y mayor riesgo de muerte por enfermedad cardíaca, diabetes y cáncer. Además de suponer una interferencia en el desarrollo evolutivo del niño, pudiendo dejar secuelas que no siempre remiten con el paso del tiempo. [1]

Una de cada tres mujeres puede sufrir de abuso y violencia durante su vida. Esto es una abominable violación a los derechos humanos, pero continúa siendo una de las pandemias más invisibles y poco conocidas de nuestros tiempos. [2]

"Una persona que ha padecido una agresión psíquica como el acoso moral es realmente una víctima, puesto que su psiquismo se ha visto alterado de un modo más o menos duradero. Por mucho que su manera de reaccionar a la agresión moral pueda contribuir a establecer con el agresor una relación que se nutre de sí misma y a dar la impresión de ser

---

1 Varios autores; Los gritos de mi silencio; Biblioteca de Salud Mental, 2016
2 Frase de Nicole Kidman

simétrica, no hay que olvidar que esta persona padece de una situación que no es responsable." [3]

Cuando esto sucede en la vida de la persona, tanto si se trata de abuso físico como emocional o sexual, ni la víctima ni las personas que la rodean tienen una real dimensión de los efectos y las secuelas que este ocasiona en el alma y en el cuerpo de la persona que lo ha recibido. También en su espíritu. Por eso, debemos hablar de este tema, no callar, no hacer silencio, no hacer como si nada hubiera pasado y enfrentarlo para superarlo y sanarlo con las personas indicadas.

2. LOS MECANISMOS DE DEFENSA PUESTOS EN MARCHA FRENTE AL ABUSO

Como citamos anteriormente, frente al abuso, la víctima suele levantar murallas para escapar de esas emociones dolorosas que la aprisionan y no le permiten ser libre. Piensa que, de esta forma, lo ocurrido quedará atrás y todo será olvidado. Identifiquemos cuáles son algunas de esas murallas a las cuales nos referimos:

a. Primera muralla: negar el abuso

La primera muralla que tendemos a levantar es negar el abuso, ya sea a nosotros mismos o a otros. Este es un mecanismo de defensa creado por nosotros que creemos que nos va a proteger del suceso doloroso. Al negar el abuso, nos sentimos protegidos dado que

---

3 Hirigoyen, Marie- France; El acoso moral: el maltrato psicológico en la vida cotidiana; Ediciones Paidós, 2013.

aceptarlo sería admitir el daño de parte de la persona que nos lastimó. En la mayoría de los casos, se trata de alguien a quien amamos, o que conocemos, en quien confiamos y debería habernos protegido en lugar de causarnos tan grande dolor y daño en nuestras vidas.

El primer paso para destruir esta muralla es ser honestos con nosotros mismos, haciendo un inventario del daño emocional y permitiéndonos el derecho de sentir y llorar nuestro dolor.

David decía en el Salmos 32:5: "*Mientras callé, se envejecieron mis huesos*". El silencio nos ata y hace más profunda nuestra herida. El salmista continúa diciendo en el versículo 6: "*Por esto, orará a ti todo santo en el tiempo en que puedas ser hallado*". Tú y yo necesitamos siempre tomar la postura del salmista, la cual consiste en llevar nuestro dolor en oración a Dios.

En 1 Samuel, capítulo 30, encontramos a David en un momento de dolor y desesperación. Al regresar a casa, después de tres días, encontró que la gente de Amalec había invadido el campamento, quemando todo, matando a los hombres y llevándose cautivas a las mujeres y a los niños. Al ver todo esto, lo primero que hizo David fue postrarse en tierra y llorar en alta voz hasta que le faltaron las fuerzas.

Llorar y expresar nuestro dolor no es de débiles.

Dios nos ha creado perfectos y nos dio emociones que, en el momento apropiado, nos ayudan a expresar nuestros sentimientos y a desahogar la pena y el dolor que llevamos adentro. Dichas emociones nos fueron dadas para traer un equilibrio a nuestras vidas y permitirnos disfrutar de ese balance provisto por Dios.

David reconoció que sus fuerzas venían de Jehová y que, al derramar su alma delante de Él, recibiría fortaleza. En el versículo 7 del Salmo 32, él exclama: *"Tú eres mi refugio; me guardarás de la angustia"*. Como David, tú y yo debemos reconocer a Dios en medio de nuestra angustia, abrirle nuestro corazón a Él para que, a través de la obra del Espíritu Santo, nos ministre y alcancemos libertad y sanidad.

b. Segunda muralla: minimizar y justificar el abuso

Por lo general, la persona abusada tiende a buscar excusas y justificación en el abuso como mecanismo de defensa o muralla. El encontrar una aparente justificación o el minimizar el daño trae un alivio que es solo temporario. La persona suele decirse a sí misma: *"No fue tan malo"*; *"le pasa a mucha gente"*; *"es común"*; *"eran otros tiempos"*; *"no sabía lo que hacía"*… tratando de justificar lo injustificable.

Es importante que entendamos la magnitud del impacto del abuso, en qué áreas y cómo nos ha dañado, para luego aceptar que sacarlo a la luz es lo único que nos permitirá ser libres. El evangelio de Juan 8:32 nos dice: *Y conoceréis la verdad, y la verdad os hará libres*. En otras palabras, para que haya sanidad y libertad, necesitamos conocimiento. En este caso el conocimiento claro del alcance de nuestra herida para que, de esta manera, se la presentemos a Dios y recibamos sanidad y libertad a través de la obra del Espíritu Santo. Es crucial que entendamos que no importa cuán grande sea el daño o la herida, siempre tenemos esperanza en Dios.

En Isaías 61:1 encontramos una promesa maravillosa:

> *El Espíritu de Jehová el Señor está sobre mí, porque me ungió Jehová; me ha enviado a predicar buenas nuevas a los abatidos, a vendar a los quebrantados de corazón, a publicar libertad a los cautivos, y a los presos apertura de la cárcel.*

Dios es fiel y verdadero y solo Él quitará esta carga pesada de ocultar y de llevar. Él pondrá vendas, ungüento a nuestra vida y lo que estaba roto y dañado lo hará nuevo. Siempre hay esperanza en Jesús. Pero para ello, debemos presentarle nuestras emociones, nuestro dolor y nuestro quebranto al Señor.

c. Tercera muralla: memoria selectiva

Después de haber padecido el abuso, la persona desarrolla la memoria selectiva, ya que esta nos hace olvidar el dolor que sufrimos. Sin saber que es ese mismo dolor, que sigue viviendo en nuestra memoria, el que nos mantiene atados a esa situación traumática. Ese dolor no nos permite tener vidas plenas en Jesús. Y es en ese intento por no sentir dolor que muchos han empujado ese recuerdo tan atrás, que piensan que han sido completamente sanos y liberados de este. Ese fue mi caso. A pesar del esfuerzo de olvidar y de dejar todo atrás, cuando este dolor está aún latente, de cuando en cuando, un olor, una palabra, un gesto, un miedo, lo revive y nos hace sentir culpables, impotentes y avergonzados nuevamente. Regresa una y otra vez produciéndonos un sinnúmero de emociones que luchamos por años para suprimir o negar. Pero allí están.

3. CÓMO SER LIBRE DEL DOLOR DEL ABUSO

El Salmo 94:19 dice:

En la multitud de mis pensamientos dentro de mí, tus consolaciones alegraban mi alma.

En otras palabras: *"Mis pensamientos me angustiaban pero, cuando busqué consolación en ti, encontré ánimo y aliento".*

¿Te atormentan tus pensamientos? No puedo responder por ti pero sí puedo compartirte mi testimonio:

Hace unos años, mi esposo y yo estábamos buscando la manera de agregar más espacio en nuestra casa para almacenar aquellas cosas que no usábamos frecuentemente. Por lo que mi esposo sugirió utilizar el área de la parte superior del garaje del estacionamiento de la casa. Respondí que, a pesar de estar viviendo en esa casa desde hacía mucho tiempo, desconocía que en ese lugar había tanto espacio como para crear un almacén.

De la misma manera, en cada uno de nosotros hay áreas, sentimientos, emociones, heridas, que no percibimos pero allí están. Todas cosas que nos llevan a tomar decisiones que afectan nuestras vidas, nuestra relación con los seres que amamos y nuestra relación con Dios.

Así como mi esposo percibía esa área vacía de la casa, también se había percatado que mis emociones estaban afectando nuestra relación. Como hombre de Dios que es, comenzó a buscar la respuesta a lo que nos estaba pasando en oración. Y en su intimidad con el Señor, escuchó la frase: "*Espiritualmente sana pero emocionalmente enferma*". Para su sorpresa, era el título de un libro que se apresuró a comprar para dármelo a mí.

Ese fue el inicio de una trayectoria que me llevó a descubrir cuán herida estaba y cuánto necesitaba abrir mi corazón para que pudiera ser sanada.

La trayectoria y el proceso no han sido fáciles. Abrir nuestros corazones y reconocer nuestra condición es muy difícil en la mayoría de los casos. No queremos enfrentar la realidad, curar las llagas, sacar a la luz la verdad, pero no nos damos cuenta de que vivir en esa mentira nos ata cada día más y nos quita libertad y gozo.

Luego de ese libro, llegaron los entrenamientos, la consejería, el desarrollo de una disciplina y una entrega total en las manos de Dios que me llevaron al nivel de sanidad que mi vida necesitaba.

El camino no está terminado, de vez en cuando, nos da "*gripe*" o notamos que necesitamos fortalecernos en esta u otra área. Es un proceso que, aunque doloroso e incómodo, requiere de trabajo y determinación, nos produce una vida satisfecha, nos madura, nos fortalece y fortalece las relaciones en nuestras vidas, produciendo el nivel de vida que Cristo vino a traernos. Así nos lo recuerda Juan 10:10: *"vida abundante."*

Recuerdo cómo en el pasado, muchas veces sentada en medio de la congregación, mientras otros alababan, mis pensamientos me atormentaban. La multitud de mis pensamientos me perseguía, no me daba descanso. Uno tras otro aparecían. Pero al traer a sometimiento de Cristo, cada uno de esos pensamientos, alcancé paz que ha sobrepasado todo entendimiento.

Dios, que nos examina y nos conoce, sabe de nuestros pensamientos, de nuestras batallas mentales. Él conoce nuestro pasado y nuestro futuro, como así también nuestro propósito. Sabe de nuestra angustia, nuestra culpa, nuestro resentimiento y nuestra vergüenza con la que se afronta cada día. Por eso, desea que abras tu corazón con Él para sanarte, transformarte y darte el valor que tu vida merece. Su amor y la restauración del Espíritu Santo te harán una nueva persona.

La verdad nos libera, nos desata, nos hace ver la vida desde un lugar de privilegio: hijo de Dios, y no víctima. Hablar sana. En estos casos, el silencio no es salud. Y en la iglesia también necesitamos hablar y sanarnos. Para ello estamos. Para que todos los que han sufrido abuso físico, sexual, emocional, y cualquier tipo de maltrato, encuentren el lugar y el mentor, el líder, el pastor o el consejero, dispuesto a ayudarlos a sanar sus heridas.

La iglesia no puede callar. Es allí donde los inocentes deben encontrar su lugar y recibir la promesa de libertad que Dios nos ha hecho.

4.

PARTE PRÁCTICA

a. ¿Cuál es tu propia definición de abuso?

_____

_____

_____

b. ¿A qué tú crees se debe el hecho de que este tema no se habla abiertamente en nuestras iglesias?

_____

_____

_____

c. ¿Has sido víctima de algún tipo de abuso? De ser así, especifica.

_____

_____

_____

d. ¿Fue difícil responder la pregunta anterior? ¿ A qué piensas que se debe?

_____

_____

_____

e. El evangelio de Juan 8:32 dice que conoceremos la verdad y ella nos hará libres. ¿Qué verdad necesitas conocer o aceptar?

_____

_____

_____

f. Comparto contigo una oración para entregarle este dolor a Jesús:

"Padre amado, en esta hora te abro mi corazón, te lo entrego completamente. Ven y completa la obra que has empezado en mí. Derriba mis murallas, destruye por completo las paredes que me separan de ti. Borra el dolor en el recuerdo. En el nombre de Jesús, amén".

Jehová Dios mío, a ti clamé y me sanaste.
Salmo 30:2

CAPÍTULO 6

PERFIL ESPIRITUAL

*Pero ellos no escuchaban a Moisés
a causa de la congoja de espíritu
y de la dura servidumbre.*

Éxodo 6:9

1. CONOCIÉNDOLO MÁS A ÉL

Luego de muchos años de esclavitud, el pueblo de Israel no solo experimentó los efectos secundarios del abuso emocional, físico y mental sino que sus corazones estaban llenos de dudas. Por lo cual, tuvieron gran dificultad para confiar en Dios. Al igual que el caso de los israelitas, muchos cristianos batallan de alguna u otra manera con obstáculos en su crecimiento espiritual y en su intimidad con el Señor. Analicemos algunos de ellos:

• Tienen conocimiento de Dios pero no una relación íntima con Él

El mismo Señor Jesucristo, en Mateo 15:8, declara: *"Este pueblo de labios me honra mas su corazón está lejos de mí"*. Lamentablemente en medio del pueblo cristiano, podemos encontrar en ciertas ocasiones personas que tienen un vasto conocimiento de La Palabra de Dios, conocen Las Escrituras desde el Génesis hasta el Apocalipsis, son capaces de desglosar cada capítulo, cada versículo y cada concepto, pero eso no implica que ellos tengan intimidad con Dios. Son teólogos y expertos de La Palabra de Dios pero sus acciones están muy lejos de ella. Están llenos de conocimiento y sabiduría humana pero no intimaron con Aquel que creó La Palabra.

Muchas personas, debido a grandes desilusiones, fracasos y abusos, aun ministeriales, han cerrado su corazón a Dios no permitiéndole ministrar sus vidas de manera personal. Concurren a la iglesia y participan en algunas actividades pero no viven la frescura del Espíritu Santo cada mañana.

Durante muchos años como creyente, especialmente en la primera parte de mi conversión, a veces me encontré en esa posición. Llena de conocimiento pero muy lejos de lograr una intimidad con Dios. El libro de Cantares 5:2-3 dice:

> *Yo dormía, pero mi corazón velaba. Es la voz de mi amado que llama: "Ábreme, hermana mía, amiga mía, paloma mía, perfecta mía, porque mi cabeza está llena de rocío, mis cabellos de las gotas de la noche". "Me he desnudado de mi ropa; ¿cómo me he de vestir? He lavado mis pies; ¿cómo los he de ensuciar?".*

El Amado viene a buscar a la novia. Ella reconoce su voz, sabe que es Él, y sin embargo, no le abre la puerta.

• Poseen una tendencia a responsabilizar a Dios por todo lo malo que les sucede

Esto lo observamos especialmente en aquellos que han sido heridos en sus vidas emocionales en las iglesias, por algún pastor, líder o hermano, y utilizan esto como excusa para no servir a Dios. Deuteronomio 32:4 dice:

> *Él es la Roca, cuya obra es perfecta, porque todos sus caminos son rectitud; Dios de verdad, y sin ninguna iniquidad en él; es justo y recto.*

Dios es justo y recto. Él ha visto nuestro dolor,

nuestra pena, pero necesitamos ser conscientes de que el pecado ha entrado en el mundo y ha dañado corazones de muchos hombres y mujeres que se convierten en agresores. Personas que no tienen a Dios en sus vidas, llenas de iniquidades y manipuladas por Satanás, para destruir la vida de muchos. Personas que tienen un libre albedrío que el Señor no puede alterar ni mover. Pero Dios es un Dios bueno. Un Dios de verdad. Un Dios de justicia. Por eso, ha trazado un plan de salvación para nuestras vidas. Un plan redentor para sacarnos del dolor, el sufrimiento y el fracaso, a los cuales fuimos lanzados. Este plan no es solamente para librarnos del pecado y de la maldad de nuestros corazones sino para darnos una vida abundante, como leemos en Juan 10:10.

• Poseen gran dificultad de desarrollar una relación íntima con Dios

La misma desconfianza que la persona tiene con sus padres, en sus relaciones interpersonales, la traslada al Señor. *"Tantos me han manipulado, me han abusado, ¿por qué he de confiar ahora?"*, se preguntan.

Una persona abusada, herida, maltratada e insegura tiende a levantar un muro cuando alguien quiere acercarse y establecer una relación con ella. El dolor que ha atravesado no le permite abrirse y volver a confiar. Y sin darse cuenta, esta es la misma barrera que levanta con el Señor y que le impide crecer íntimamente y declarar: *"Yo sé en quién he confiado"*.

Y buscando frases, encontré esta de Idries Shah que me pareció muy interesante:

No se puede aprender de quien uno desconfía.

¿Cómo nos relacionaremos con Dios, si no confiamos en su poder y su amor? ¿Cómo aceptaremos intimar con alguien que no conocemos? Solo se llega al Amado intimando y conociendo, confiando que anhela lo mejor para nosotros cada día. La confianza es un elemento primordial en cualquier relación que comencemos. Sin ella, no podemos avanzar.

No me molesta que me hayas mentido, me molesta que a partir de ahora no pueda creerte. [1]

En el libro de Cantares 1:4 leemos:

> *Atráeme; en pos de ti correremos. El rey me ha metido en sus cámaras; nos gozaremos y alegraremos en ti; nos acordaremos de tus amores más que del vino; con razón te aman.*

Recuerdo leer, incluso estudiar, este pasaje en el Instituto Bíblico, sus tipos y referencias bíblicas, sin abrazar su verdadero significado espiritual, el cual me estaba llamando no solo a conocer al Rey sino a entrar en intimidad con Él. Abrirle mi corazón y dejarlo obrar en mí. Para muchos, esto puede ser algo sencillo pero para quienes han sido víctimas, muchas veces, no lo es. Durante el proceso de mi sanidad emocional, Dios me permitió ver que la relación que había tenido con mi padre terrenal estaba afectando mi relación con Él. Mi padre Danilo fue un hombre bueno, muy inteligente y emprendedor. Sin embargo, no crecí con él. Mis padres se casaron muy jóvenes y

---

1 Frase de Friedrich Nietzsche

se divorciaron antes de que yo cumpliera dos años de edad, por lo cual, no desarrollé una relación cercana con mi papá. Esta misma relación de distancia que mantuve con mi padre biológico es la que mantenía con el Señor. Y fue a través de la obra del Espíritu Santo y del estudio de La Palabra, en especial de aquellos temas que se refieren al amor de Dios, que se produjo la transformación en mi vida.

Hoy puedo testificar que, debido a la obra inmensa del Espíritu de Dios, mis padres han venido a los pies de Cristo y mi relación con mi padre terrenal fue sanada. Cantares 1:4 declara: *"Atráenos y en pos de ti correremos"*. Te animo a que le pidas a Dios en tu corazón que te atraiga, que te lleve a la intimidad de su presencia, pues es allí donde te gozarás, te alegrarás y experimentarás un amor que no se puede comparar con nada en este mundo.

• Anhelan ganar el amor y la aprobación del otro trascendiendo aun la relación personal con Dios

Efesios 2:8-9 dice:

> *Porque por gracia sois salvos por medio de la fe; y esto no de vosotros, pues es don de Dios; no por obras, para que nadie se gloríe.*

La salvación y el amor de Dios no pueden ser comprados o ganados a través de nuestras obras. Esta fue otra área en la cual se me hizo muy difícil sanar y ser restaurada. Desde pequeña entendí que, de acuerdo a cómo me comportaba y a cuánto trabajaba en los quehaceres de la casa, evitaba ser maltratada físicamente y lograba que me dieran en recompensa las cosas que necesitaba o deseaba. Inconscientemente aprendí que tenía que ganarme las cosas y el amor de los otros por las cosas que hiciera o cómo me comportaba. Esta misma tendencia la traje a mi relación con Dios. No podía comprender ni su favor ni su gracia. Siempre debía hacer algo para recibir algo. Después de haber estado casi 20 años en el camino del Señor, comencé a comprender que no tenía que ganarme el amor y la aprobación de Dios. Él me amaba y aceptaba tal cual soy.

A pesar de predicar y enseñar sobre el amor de Dios, su gracia y su favor inmerecido, no experimentaba todo eso en mi vida. Y fue en intimidad con el Señor, en su presencia, pasando tiempo a solas con Él y leyendo Las Escrituras, que la verdad me hizo libre.

No solo aprendí sino que además experimenté el amor incondicional de Dios. Así como Job exclamó: *"De oídas te había oído, mas ahora mis ojos te ven"*, Dios borró en mí toda percepción errónea que había en mis pensamientos, todo aquello que causó un dolor en el pasado, para transformarme en una mujer libre que puede y sabe sentirse amada y valorada por Él.

• Sienten que no son dignos

El último de los efectos secundarios que nos afectan espiritualmente es el sentir que no somos dignos. Esta es una tendencia muy común donde constantemente sentimos que, aunque hemos venido a los pies de Jesucristo, todavía no hemos sido perdonados y lavados y no somos dignos de estar en la presencia de Dios. No somos dignos de ser llamados sus hijos, no somos dignos de servirle. Es cierto que no olvidamos lo que leemos en Tito 3:3-5:

> *Porque nosotros también éramos en otro tiempo insensatos, rebeldes, extraviados, esclavos de concupiscencias y deleites diversos, viviendo en malicia y envidia, aborrecibles, y aborreciéndonos unos a otros. Pero cuando se manifestó la bondad de Dios nuestro Salvador, y su amor para con los hombres, nos salvó, no por obras de justicia que nosotros hubiéramos hecho, sino por su misericordia, por el lavamiento de la regeneración y por la renovación en el Espíritu Santo, a nosotros, que en otros tiempos éramos pecadores, Dios nos ha hecho salvos.*

Dios nos ha limpiado. Él nos ha salvado. Creo que no encontraremos un ejemplo mejor que cubra todas las percepciones erróneas que tenemos de Dios como en el libro de Job. Podemos ver cada una de estas en las páginas de dicho libro. Una y otra vez, nos damos cuenta de cómo las circunstancias hicieron que Job tuviera un perfil espiritual erróneo. Pero no fue hasta finalizar el libro, en el capítulo 42, que su percepción cambió y dijo: *"De oídas te había oído; mas ahora mis ojos te ven"*.

2. PARTE PRÁCTICA

a. ¿Responsabilizaste a Dios por alguna herida del pasado?

_____

_____

_____

b. Busca en el diccionario la palabra "*intimidad*" y escribe su definición en las próximas líneas. Si lo deseas, agrega dos o tres líneas.

_____

_____

_____

c. Mirando la definición que encontraste y sus sinónimos, ¿podrías decir que tu relación con Dios es íntima?

_____

_____

_____

d. ¿Consideras que tus relaciones familiares, especialmente paternas, han afectado tu relación con Dios? Piensa.

_____

_____

_____

e. En las líneas siguientes escribe dos o tres escrituras que se refieran al amor de Dios.

_____

_____

_____

f. Ora esta área al Señor.

Te invito a hacer esta oración:

"Padre amado, ministra mi corazón a través del Espíritu Santo. Revélame y rompe con todas las percepciones erróneas que afectan mi vida espiritual. Atráeme con tus cuerdas de amor para que pueda yo entrar en intimidad profunda contigo. Quiero y anhelo conocerte y que mis ojos te vean. En el nombre de Jesús, amén."

Jehová Dios mío, a ti clamé y me sanaste.
Salmo 30:2

CAPÍTULO 7

LA NIÑA
DE SUS OJOS

Guárdame como a la niña de tus ojos;
escóndeme bajo la sombra de tus alas.

Salmo 17:8

1. DIOS GUARDA MI VIDA

Deuteronomio 32:10 declara:

Le halló en tierra de desierto, y en yermo de horrible soledad; lo trajo alrededor, lo instruyó, lo guardó como a la niña de su ojo.

Estas palabras son expresadas por Dios hacia el pueblo de Israel. De igual manera, Él nos ve cuando estamos sumergidos en las heridas del pasado. Y con el mismo deseo y el mismo amor de un Padre que nos ama sin medida, Él quiere llevarnos de ese desierto a la tierra donde brota leche y miel. El Señor desea sacarnos de la profunda soledad, en la cual nuestros pensamientos nos abruman y atormentan, a lugares de manantiales de agua donde podamos deleitarnos en Él. En lo profundo del corazón de Dios, está el deseo de abrazarnos, instruirnos y guardarnos como la niña de sus ojos.

Todo el plan de salvación está encerrado en la verdad expresada por el escritor del evangelio de Juan 3:16:

Porque de tal manera amó Dios al mundo, que ha dado a su Hijo unigénito, para que todo aquel que en él cree, no se pierda, mas tenga vida eterna.

Una y otra vez leemos en Las Escrituras acerca del propósito de Dios y de su anhelo para nuestra vida. El profeta Jeremías escribió en el capítulo 29, versículo 11, que *"Dios tiene pensamientos de bien y no de mal"*.

Es decir, planes perfectos, vida abundante, paz que sobrepasa todo entendimiento. Es el deseo, el plan del Señor, darte una vida libre de toda herida y de las consecuencias del pasado que están expresadas en las páginas de este libro.

2. VIVIENDO BAJO LOS PLANES DE DIOS

Este libro no nace de mi propio deseo o voluntad, nace de la voluntad de Dios, del deseo del Señor de expresarte y dejarte saber una vez más que Él está a tu lado. Dios espera que le abras tu corazón, que le permitas al Espíritu Santo obrar en tu vida, sanándote y haciéndote libre de toda herida del pasado. Aún más, en Isaías 61, encontramos unos de los pasajes más usados en nuestras congregaciones. Tanto es así, que hemos perdido el profundo significado que este tiene. En Isaías 61 se encierra lo que yo llamo *"la visión y la misión de Jesucristo"*. Toda empresa, agencia o institución tiene una visión y una misión. Porque, sin visión y sin misión, no tiene razón de ser. Sin estos dos elementos, no encontrará el enfoque hacia donde ir y su propósito de ser.

¿Qué es la misión?

La misión representa lo que una iglesia, una organización, una empresa o una persona desea hacer a corto plazo. En otras palabras: su razón actual de ser. Esta describe el modo en que tanto la institución como la persona alcanzarán la posición a la que aspiran llegar. Por esta razón, establecen sus objetivos a corto plazo y definen la relación con los demás (miembros, clientes u otras personas con las que interactúan) y sus propios valores que son inamovibles.

¿Cuál es el poder que esconde una visión?

La visión inspira a los deprimidos y motiva a los desanimados. Sin visión, la vida sería solo un estudio de frustración dentro de un remolino de desaliento. La visión es el fundamento del coraje y es el combustible de la persistencia.

La visión también hace que el sufrimiento y la desilusión se conviertan en algo que se puede soportar.

La visión genera esperanza en medio del desaliento y provee fortaleza en medio de la tribulación.

La visión te libera de las limitaciones que ven tus ojos y te permite entrar en la libertad de todo aquello que el corazón puede sentir. [1]

Una vida con propósito necesita tener visión y misión.

En Isaías 61 también encontramos la palabra profética que luego tuvo su cumplimiento en el evangelio de Lucas donde nuestro Señor Jesucristo dice: *"Este es mi llamado, este es mi propósito, a esto vine al mundo y, por ello, me despojé de toda mi gloria y me hice hombre: predicar buenas nuevas a los abatidos, vendar a los quebrantados de corazón, publicar libertad a los cautivos y a los presos apertura de la cárcel, ordenar que a los afligidos de Sión se les*

---

1 Munroe, Myles Dr.; Los principios y el poder de la Visión; Whitaker House, 198.

dé gloria en lugar de ceniza y óleo de gozo en lugar de espíritu angustiado". ¡Contratado! ¿Cuándo puedes empezar?

Desafortunadamente, ante la obra del Espíritu Santo, muchos de nosotros actuamos como la mayoría de las compañías laborales. No le permitimos al Experto trabajar libremente e implementar su experiencia y, de inmediato, lo orientamos en las horas de operación indicándole qué hacer, qué no hacer y cómo hacerlo. Y luego nos quejamos porque no fue productivo. Pretendemos ser sanados, restaurados, queremos que haya un rompimiento y que Dios nos lleve a nuevo nivel de bendición. Pero le ponemos parámetros, horarios y reglamentos, como si Él fuera un empleado en la *"empresa de nuestras vidas".* Es aquí donde radica uno de los problemas y obstáculos más grandes que le ponemos al Espíritu Santo para que pueda obrar en nosotros, transformarnos y llevarnos a ese lugar de libertad plena en el Señor.

Es ese *"yo",* ese deseo de control, esa tendencia a hacer las cosas "a mi manera", esa falta de sometimiento y obediencia, ese no querer rendir nuestra voluntad a la voluntad y la dirección de Dios perfectas. ¡Qué lindo suena Jeremías! Pensamientos, o planes, de bien y no de mal. ¿Comprendemos verdaderamente este pasaje? Es Dios quien tiene planes, quien sabe cómo dirigirnos, hacia dónde llevarnos, qué hacer y cómo llevarlo a cabo. Y Él conoce los tiempos perfectos. Es a partir de que nos rendimos a ese plan, que verdaderamente abrazamos la libertad completa tanto a nivel físico como emocional y espiritual. La palabra planes (pensamientos) que cita el profeta

Jeremías significa *"dirección o instrucción"*. Dios tiene direcciones e instrucciones específicas que debemos seguir para alcanzar sanidad y libertad.

En mi trayectoria de sanidad y transformación, Dios me dio direcciones específicas, tales como qué libros leer, qué cursos tomar, qué cartas escribir, a qué personas llamar y muchas otras cosas más. Fue mi obediencia a esas directivas prácticas, juntamente con la oración, el estudio de La Palabra y el ayuno, que completaron la obra. No fue fácil pero era necesario. En muchas ocasiones fallamos porque queremos que todo sea rápido, fácil y ya. No estamos dispuestos a someternos a la voluntad de Dios y a seguir sus lineamientos.

3. LLAMADOS A SER VALIENTES

Así sucedió con los israelitas. En el libro de Números encontramos al pueblo de Israel ante la Tierra Prometida. El pueblo no quería seguir la voz de Dios y su guía, quería seguir sus propios deseos, opiniones y pensamientos. Fue así como todos los mayores de 20 años perdieron la oportunidad de entrar en la Tierra Prometida. Su falta de sometimiento y obediencia a la voluntad de Dios les costó no solo 40 años en el desierto sino además 40 años en una zona árida, sin un lugar al cual llamar propio, dando vueltas en círculo.

Aparta en este momento de la lectura un momento de reflexión personal. ¿Y tú? ¿Qué tal? ¿Estás dando vueltas en círculo? ¿Sientes que una y otra vez vives la misma experiencia? ¿Una y otra vez sientes que otras personas te abusan, te utilizan o te traicionan? ¿Observas cómo otros te roban las oportunidades que creíste que eran tuyas?

Por experiencia propia sé que no es fácil rendirse a la voluntad de Dios, que abrir nuestro corazón con el Señor conlleva el examinar nuestras vidas. Es decir, las emociones dolorosas que aún no han cerrado y son difíciles y amargas de sobrellevar. Sin embargo, siempre hay nuevas oportunidades para ser feliz, para vivir esa vida abundante y plena de la que nos habla La Palabra. Hoy Dios te llama a ser como Josué y Caleb, a esforzarte y ser valiente, a no temer ni desmayar, a confiar en que Él te dará la victoria sobre todo gigante o ejército que se levante contra ti. Es hora de tomar posición de guerra, de ser valientes y arrebatar con la fuerza del Espíritu Santo lo que el enemigo nos robó.

Tal vez estés pensando: "*Sí, lo creo. Estoy esperando que Dios me devuelva con creces lo que el enemigo me robó*". Y el Señor lo hará, pero con tu ayuda. Él nos dice en Josué 18:3: "*¿Hasta cuándo seréis negligentes para venir a poseer la tierra que os ha dado Jehová el Dios de vuestros padres?*". En uno de mis libros anteriores, La Ley de la Manifestación, enseño acerca de los elementos necesarios, de acuerdo a La Palabra de Dios, para que sus promesas se manifiesten en nuestras vidas. Tomo como texto base para todo el libro el versículo de 2 Corintios 1:20 donde leemos que "*todas las promesas de Dios son en Él sí, y en Él amén, por medio de nosotros, para la gloria de Dios*". La Escritura nos da miles de promesas que no serán manifiestas sin que nosotros hagamos nuestra parte.

En los próximos capítulos, nos sumergiremos en una trayectoria diseñada para ayudarte, junto con la dirección del Espíritu Santo, a alcanzar completa libertad, sanidad y transformación. Hay mucho trabajo por hacer pero, si te dispones y te rindes en las manos del Alfarero, Él cerrará toda grieta que hayas adquirido en el camino convirtiéndote en una vasija hermosa para honra suya.

4. PARTE PRÁCTICA

1. La niña del ojo controla la luz que entra en este. Luz que se necesita para una visión clara. ¿En qué áreas específicas necesitas luz de parte de Dios?

_____

_____

_____

2. Jeremías 33:3 dice que Dios nos responderá con "dirección e instrucción". Enumera tres o cuatro instrucciones o direcciones que Él te está dando a través de este libro.

_____

_____

_____

3. De esas instrucciones o direcciones, ¿cuál es la más difícil de seguir y por qué?

_____

_____

_____

4. Busca la definición de la frase "*duro de cerviz*".

_____

_____

_____

5. ¿Qué relación tiene la obediencia con ser "duro

de cerviz"? Si la respuesta es alguna, sé detallado en esta.

_____

_____

_____

6. Ora esta área de tu vida al Señor.

Te invito a hacer esta oración:

"Padre, gracias porque con tu ayuda sé que descubriré mi misión. Sé que viviendo en tu Espíritu, la visión será clara y precisa y tendrá las fuerzas necesarias para volar como las águilas. Sé que junto contigo tendré el temple y las fuerzas que necesito para atravesar ese proceso de cambio que me llevará a vivir una vida libre y con propósito. Sé y declaro que tus planes y tus pensamientos son perfectos para mi vida y se cumplirán en el tiempo preciso. En el nombre de Jesús, amén".

En él asimismo tuvimos herencia, habiendo sido predestinados conforme al propósito del que hace todas las cosas según el designio de su voluntad.

Efesios 1:11

CAPÍTULO 8

HABLANDO DEL PERDÓN

Mirad por vosotros mismos.
Si tu hermano pecare contra ti, repréndele;
y si se arrepintiere, perdónale.
Y si siete veces al día pecare contra ti,
y siete veces al día volviere a ti, diciendo:
Me arrepiento; perdónale.

Lucas 17:3-4

1. LLAMADOS A PERDONAR

A todos, en algún momento de la vida, alguien nos ha ofendido, nos ha fallado, nos ha lastimado. Es parte de la vida. Por eso, nuestro Señor Jesucristo nos exhorta a mirarnos a nosotros mismos y, si nuestro hermano hubiera pecado en contra de nosotros, se arrepintiera y viniera a pedirnos perdón, a perdonarlo. Y si viniera siete veces en contra de nosotros y pecara, que lo perdonemos. Luego los discípulos le preguntan cuántas veces en el día debemos perdonar y Jesús les responde: "*Perdonen 70 veces siete en un día*".

Sabemos que Dios nos ha llamado a perdonar pero tenemos que ser sinceros: perdonar no es fácil. Como dice un refrán popular: "*Del dicho al hecho, hay un gran trecho*". No sé cuál es tu situación, ni tu experiencia, pero te invito a ser sinceros. Muchas veces queremos proyectar que somos los "*súper cristianos*" pero, con toda sinceridad, perdonar no es fácil. Y tantas otras veces, creemos que hemos perdonado pero, cuando nos evaluamos, nos damos cuenta de que todavía hay resentimiento en nuestros corazones.

Corrie Ten Boom, quien perdió a su familia en mano de los nazis y seguramente habrá sido tentada a no perdonar, dijo al respecto:

> Quien no puede perdonar a otros rompe el puente por el que él mismo puede pasar.

Algunos comparan el perdón con un globo, un balón, grande en medio de una piscina. Cuanto más tratas de agarrarlo, más se hunde, más se te va de las manos. Esto también podría deberse al hecho de que nosotros usamos las palabras perdón y disculpa muy frecuentemente en nuestro vocabulario. Cuando abrimos una puerta y casi le pegamos a la persona que venía detrás, pedimos perdón. Cuando pisamos a alguien sin querer y sin intención, pedimos perdón. Cuando tiramos la taza de café, decimos: "*Perdón*", o: "*Perdóname*". Lo decimos tanto y tan a menudo en nuestro diario vivir, que se convierte en una palabra muy común. Por eso, hemos perdido su significado y creemos, a veces, que hemos perdonado pero, cuando nos examinamos a la luz de La Palabra de Dios, a través de la dirección del Espíritu Santo, logramos entender que todavía hay resentimiento en nuestros corazones.

Recientemente yo estaba orando y meditando en este tema y, en mi sentir, en mi corazón, no tenía nada en contra de ninguna persona. Pero justo en ese momento, el Señor me trajo a la memoria a cierta persona, podríamos decir que un "*colega*" ministerial, quien en una oportunidad cometió una ofensa hacia mí. Entonces noté que en mi corazón todavía existía una falta de perdón. En ese instante, comencé a orar y a arrepentirme delante del Señor. En realidad, entré en un período de varios días de oración para que Él pudiera purificar mi corazón hacia esa persona. Como hijos de Dios debemos tener corazones puros. Y para la gloria de Dios, en la próxima ocasión que vi a esa persona, pude abrazarla (sentí que lo hacía con amor), y hablarle desde un corazón puro sin resentimiento. Comparto este testimonio porque muchas veces pensamos que no hay nada en nuestros corazones porque tenemos un conocimiento vasto de La Palabra, porque llevamos años en el Evangelio, porque estamos ministrando, porque sentimos la presencia de Dios y su Espíritu, porque hablamos en lenguas, porque oramos en lenguas.

Cuando el Señor envió a Moisés a construir el Tabernáculo, al entrar en los atrios, una de las primeras cosas que encontraban, además del altar de sacrificio, era el lavacro. El lavacro era un lugar al que constantemente tenían que venir a limpiarse. Esto habla de un pueblo con un caminar terrenal pero una ciudadanía en el cielo. También de que nosotros, aunque ya hemos sido salvos por Cristo Jesús, diariamente tenemos que venir delante de la presencia del Señor para purificarnos. Siempre antes de entrar en la presencia de Dios, debemos examinarnos. Te animo a que no cierres tu corazón, sino que lo abras y permitas que el Espíritu te ministre, a que te examines con la dirección del Espíritu y a la luz de La Palabra, para comprobar que no haya nada de rencor allí. Porque estamos llamados a perdonar pero, para poder perdonar, necesitamos primeramente la ayuda del Espíritu Santo. Y luego un conocimiento profundo de qué es y qué no es el perdón.

2. LA FALTA DE PERDÓN Y SUS CONSECUENCIAS

Cuando no perdonamos, cuando hay falta de perdón en nuestra vida, aparecen una serie de emociones entre las que se encuentran: el resentimiento, la amargura, el odio, la hostilidad, la envidia y el deseo de venganza hacia otra persona. Dichas emociones pueden estar en diferentes niveles. Puede ocurrir, por ejemplo, que estén ahí pero que nosotros realmente no las sintamos o veamos.

Emociones como el resentimiento, el odio, la amargura y la envidia son el resultado de heridas que hemos recibido a través de una ofensa, o a través de una transgresión. La falta de perdón en nuestros corazones es como un cáncer que nos roba la paz, la felicidad y el gozo que el Señor nos da. Y, sobre todo, nos roba la vida abundante que Cristo compró para nosotros en la cruz del Calvario.

La palabra perdón que aparece en los evangelios y el Señor Jesucristo menciona una y otra vez, y también en las epístolas paulinas, es el término afesis en griego que significa *"liberar o dejar ir"*. En otras palabras, cuando en nuestras vidas hay falta de perdón, mantenemos a la persona encerrada en nuestro corazón y en nuestras emociones en una especie de cárcel. El resentimiento, la amargura, la envidia, la hostilidad y el odio que allí se encuentran nos van carcomiendo internamente tanto a nivel emocional como espiritual. Por eso, Dios nos exhorta una y otra vez, en Las Escrituras, a perdonar. Perdonar a los que nos ofenden es liberarlos, dejarlos ir, permitir que salgan de nosotros, de nuestro corazón. Cuando nosotros dejamos ir a la persona, cuando la liberamos, en realidad, estamos soltando el sentimiento que está encerrado en nuestros corazones, en nuestras emociones, y nos estaba carcomiendo y destruyendo como un cáncer.

¿Sientes que no puedes perdonar el daño que te hicieron?

Paul J. Meyer decía:

> "¡Tú puedes levantarte y romper el círculo vicioso! Esta es exactamente la motivación que muchos utilizan para poder perdonar. Aquellos que perdonan casi nunca repiten la ofensa. ¿No es esta suficiente razón por la cual debemos perdonar? En realidad, los que perdonan, aunque están luchando en contra de dolores, inseguridades, y la falta de habilidades, a menudo ayudan a otros a perdonar". [1]

En el evangelio de Lucas, en el capítulo 6, Jesús nos dice que tenemos que amar a nuestros enemigos y hacer el bien a los que nos aborrecen. Repito: amar a nuestros enemigos y hacer bien a los que nos aborrecen. Pero perdonar no es poner una demanda o pedir algo a cambio. *"Bueno, si ella viene y me pide disculpas"*, o: *"Bueno si él se arrepiente y yo veo un cambio en él"*, dicen algunos. A veces, esperamos que la persona lo diga públicamente, o que haga esto o lo otro, antes de perdonar. ¡No! En el perdón, no hay una opción. Tú y yo somos hombres y mujeres de Dios, hijos de Dios llamados a caminar conforme a los preceptos, los mandamientos, de Él.

Cuando nos referimos a los mandamientos de Dios, no hablamos del libro de Éxodo y los diez

---

1 Meyer, Paul J; El perdón… el milagro máximo; Bridge-Logos Publishers, 2006.

mandamientos sino de todos los preceptos. De La Palabra del Señor desde Génesis hasta Apocalipsis. En todos sus preceptos, una y otra vez, Dios nos llama a perdonar. Dios nos llama a liberar, a dejar ir. Sin condiciones. Sin demandas. Por eso, siendo muy sinceros, decimos que perdonar no es fácil. No lo vas a poder hacer solo. No lo vas a poder hacer sola. Necesitas conocimiento de La Palabra de Dios y la ayuda de su Espíritu Santo. Necesitamos al Espíritu Santo y La Palabra de Dios.

La falta de perdón nos vuelve cristianos ineficaces, pues el poder de Dios no puede fluir a través de nosotros cuando albergamos rencor hacia alguien en nuestro corazón. Esto decía Myles Munroe al respecto:

> "Los verdaderos líderes se sienten seguros en su relación con Dios de que pueden perdonar y pedir perdón sin dudar. Puede que una persona sea herida por otra, y diez años más tarde cuando la primera ve a la segunda todavía quiere desquitarse. Si usted alberga falta de perdón, usted niega la posibilidad de ser usado eficazmente por Dios". [2]

3. QUÉ NO ES EL PERDÓN

Antes de definir qué es el perdón, es fundamental establecer qué no es el perdón. Porque a veces tenemos un entendimiento de lo que es el

---

2 Munroe Myles Dr.; Convirtiéndose en un líder; Whitaker House, 1993.

perdón, cuando en realidad no lo es. Definamos entonces qué no es el perdón.

Perdonar no es negar que algo malo haya ocurrido. No te estoy pidiendo, ni Dios te está pidiendo, que digas: "*Nada malo ocurrió*". Eso no es perdonar.

Perdonar no es llamar correcto a lo incorrecto.

Perdonar no es exonerar a la persona que nos ofendió de las consecuencias, porque muchas veces la transgresión trae consecuencias.

Perdonar no es darle toda la razón ni una excusa al ofensor.

Perdonar no es ignorar que hemos sido heridos, es decir, ignorar nuestro dolor, lo que estamos sintiendo. Al contrario, debemos traer ese dolor, ese sentimiento, a la presencia de Dios en oración y pedirle que el ungüento de su Espíritu nos sane, nos restaure.

Perdonar no es tratar lo que es injusto como justo.

Perdonar no es ser débil. Al contrario, perdonar es de valientes.

Perdonar no es decir: "*Soy una víctima*" sino más bien: "*Soy triunfador sobre esta ofensa*".

Perdonar no implica que, porque estoy perdonando, me estoy humillando. Aunque, de cierto modo, nos estamos humillando delante de la mano de Dios. Estamos siendo humildes, lo cual no quiere decir que podemos dejar que nos pisoteen.

El perdón no es una emoción, no es algo que tú

sientes, sino una acción.

El perdón no siempre trae como resultado la reconciliación o la restauración de la relación. ¿Por qué? Porque la reconciliación requiere que ambas partes estén de acuerdo y, posiblemente, la persona que ha ofendido no quiera cambiar, no esté de acuerdo. La reconciliación requiere, sobre todo, un cambio de actitud (del ofensor o del ofendido). Si no hay un cambio de actitud, no puede haber reconciliación. La reconciliación habla de restitución de confianza y la confianza se gana. Como cita Gabriel García Marquez:

> *Un minuto de reconciliación tiene más mérito que toda una vida de amistad.*
> (Gabriel García Márquez)

El perdón se regala, se da. Por eso, muchas veces Dios nos está llamando a perdonar y, con ayuda del Espíritu Santo en oración y con el consejo de nuestros líderes, tenemos que buscar cuál es el nivel de restauración de la relación.

Los hijos de Dios estamos llamados por Él a perdonar. Por esa razón, no se trata de si siento o no siento perdonar. Medita en esto: el perdón no es un sentimiento. Si tienes que perdonar, no puedes esperar a sentirlo. El perdón está basado en el hecho de la obediencia a lo que Dios no ha llamado a hacer: perdonar las ofensas.

En la carta a los Colosenses 3:13 leemos: "*Perdonaos los unos a los otros*". Es un mandamiento cuyo incumplimiento nos convierte de víctimas a victimarios. Nos convertimos en víctimas cuando la ofensa, la transgresión, llegó. Esto depende del nivel de la ofensa. Pero cuando permanecemos en la falta de perdón, pasamos entonces, en un momento, de ser simples víctimas a ser victimarios. La palabra victimario viene del griego y significa *"asesino y verdugo"*. Lo cierto es que, con nuestro comportamiento y con nuestras palabras, al negarnos a perdonar, comenzamos a asesinar, a destruir, al que nos ofendió, al que cometió la transgresión hacia nosotros.

4. QUÉ ES EL PERDÓN

Veamos ahora qué es el perdón…

Perdonar es un acto de compasión. Como dijimos, el perdón no es una emoción sino una acción.

Perdonar es cancelar una deuda. Esto es un proceso que, por lo general, no resulta fácil. No ocurre de la noche a la mañana. Tenemos que ser intencionales en el proceso que el Espíritu Santo va a poner delante de nosotros para poder llegar al punto del perdón.

Perdonar es ser libre de resentimiento, libre de amargura, libre de odio, libre de envidia, libre de venganza, libre de hostilidad hacia la otra persona.

Perdonar es extender misericordia, así como fue extendida hacia nosotros por el Señor.

Perdonar es dar un regalo de gracia, lo cual es un favor inmerecido, así como Dios nos perdonó a nosotros en Jesucristo. La Palabra de Dios nos dice que el Señor, enseñándonos a orar en el libro de Mateo, dijo en la oración del Padre nuestro: *"Perdónanos así como nosotros perdonamos a los que nos ofenden".* De la misma manera, con esa misericordia, con ese favor inmerecido, con esa gracia, que Dios nos ha perdonado.

Como bien dijo el escritor Jacinto Benavente:

A perdonar solo se aprende en la vida cuando a nuestra vez hemos necesitado que nos perdonen mucho.

¿Por qué Dios nos llama a que perdonemos a otros?

Porque cuando perdonamos, se refleja su carácter en nosotros. El perdón habla de nuestra madurez espiritual y de cuán íntima es nuestra relación con Dios. El perdón refleja el amor del Señor que hay en nosotros. Cuanto más íntimos somos nosotros con Dios, más estará reflejado su carácter en nosotros, más estaremos llenos de ese hermoso amor *"ágape"* de Él en nosotros, y más lo podremos dar a otros. El perdón habla del carácter de Dios en nosotros y refleja el fruto del Espíritu en nosotros: el amor, la bondad, etc.

5. ¿QUÉ OCURRE CUANDO DECIDIMOS PERDONAR?

Cuando perdonamos, estamos dando dos promesas. No se trata de promesas que decimos abiertamente pero están presentes. Toda vez que yo te digo a ti: "*Te he perdonado*", o: "*Te perdono*" (podemos perdonar aunque la persona no esté delante de nosotros) y le digo al Señor: "*Lo perdono o la perdono*", se activan estas dos promesas:

Primera promesa

Cuando yo te estoy perdonando, te estoy prometiendo que no voy a volver a mencionar esto y no voy a usarlo en contra de ti. Si he decidido que voy a perdonar, ya no voy a mencionar este evento y no lo voy a usar para dañarte. Si constantemente, cuando nos airamos o cuando viene la ocasión, traemos a colación lo sucedido o tratamos de usarlo en contra de la persona que nos ofendió, eso revela que todavía no hay perdón en nuestros corazones. Que no perdonamos verdaderamente. La promesa al perdonarte es que no voy a dañar tu reputación en el futuro; no voy a chismear de ti; no voy a tratar de destruir o dañar tu carácter, tu testimonio, con otros; no voy hablar mal de ti delante de tus hijos, o de tus familiares, o de tus amigos, o de tus colegas, o de tus hermanos ministeriales; no voy hablar mal de ti en mis conversaciones telefónicas, ni en las redes sociales, ni en los correos electrónicos. Porque te he perdonado, no voy a lastimar tu reputación.

Segunda promesa

Cuando yo te estoy perdonando, también te estoy prometiendo que internamente no voy a meditar en lo sucedido. A veces no lo traemos a colación, no dañamos la reputación de la persona, pero constantemente en nuestra mente estamos meditando en ello. Es decir, que nos estamos recordando la ofensa todo el tiempo. La Escritura declara que si nos examináramos a nosotros mismos, no seríamos juzgados. Es hora de que nos juzguemos y, sobre todo, de que definamos claramente qué es el perdón. El perdón, como el amor, es un mandamiento y, como hijos de Dios que somos, debemos tomar esto muy seriamente. Dios nos llama a perdonar y a amar, como Él nos perdona y nos ama. En otras palabras, si el perdonar es un mandamiento del Señor, no es una opción. Dios no nos da el perdón como una opción, ni nos dice: "*Perdona, si lo sientes*"; o: "*Perdona, si la otra persona te piden perdón*"; o: "*Perdona, si la otra persona cambia*". ¡No! Él no nos pone opción porque perdonar es un mandamiento.

En otras palabras, cuando en nuestro corazón hay falta de perdón, estamos en pecado. No importa cuántos años tengamos en el Evangelio, ni cuán grande sea nuestro conocimiento de su Palabra, ni cuán espirituales nos sintamos, ni qué posición tengamos dentro del cuerpo de Cristo, ni cuán hermoso cantemos, ni cuán elocuentemente enseñemos o prediquemos, ni cuántas acciones realicemos en la iglesia, ni en cuántos ministerios o comités participemos, ni cuál es nuestro título (apóstol, profeta, líder, obispo o doctor). Si no perdonamos a alguien, estamos en pecado. El pecado nos separa de Dios porque rompe nuestra comunión con Él. También nos cohíbe de recibir sus bendiciones y sus promesas. Y sobre todo, nos roba esa vida abundante que Jesucristo compró para nosotros en la cruz del Calvario.

Recuerda: El perdón es un mandamiento, no es

una opción.

¿Hay alguien a quién sientas al leer estas páginas que debes perdonar y soltar de tu vida definitivamente?

Es mi oración por ti que Dios te toque, que te ministre a través de su Espíritu, que traiga convencimiento a tu corazón y te redarguya para que puedas entender y abrazar la magnitud y la importancia del perdón en tu vida. Y las consecuencias que trae la falta de perdón. Oro para que haya un nuevo amanecer en ti y puedas vivir una vida libre de odio y llena de perdón, sin resentimientos ni amarguras. Que puedas amar de la manera que Él nos ama y perdonar de la manera que Él nos perdonó en Cristo Jesús.

6. PARTE PRÁCTICA

a. ¿Qué es el perdón para ti? Defínelo con tus propias palabras.

_____

_____

_____

b. ¿Crees que esta es un área en la cual hayas batallado? ¿Por qué?

_____

_____

_____

c. ¿Cuál es para ti la diferencia entre el perdón y la reconciliación?

_____

_____

_____

d. Enumera a las personas que vinieron a tu mente mientras leías el capítulo.

_____

_____

_____

e. ¿Qué paso debes tomar con cada una de ellas conforme a lo que aprendiste y a lo que nos dice La Palabra de Dios?

_____

_____

_____

f. Pon en manos de Dios esta área de tu vida.

Te invito a hacer juntos esta oración:

"Señor Jesús, enséñame y ayúdame a perdonar. ¡Enséñame Señor! En el nombre de Jesús , amén."

∞∞

Perdonaos los unos a los otros cómo Dios también os perdonó a vosotros en Cristo Jesús.

Efesios 1:11

CAPÍTULO 9

LAS BARRERAS DEL PERDÓN

Y él mismo constituyó a unos, apóstoles;
a otros, profetas; a otros, evangelistas; a
otros, pastores y maestros,
a fin de perfeccionar a los santos
para la obra del ministerio,
para la edificación del cuerpo de Cristo,
hasta que todos lleguemos a la unidad
de la fe y del conocimiento del Hijo
de Dios, a un varón perfecto, a la medida
de la estatura de la plenitud de Cristo.

Efesios 4:11-13

1. ¿CAPACES DE PERDONAR?

La clave para alcanzar ese varón perfecto, a la medida de la estatura de la plenitud de Cristo, es el perdón. Por eso, el Señor nos exhorta, una y otra vez en su Palabra, a perdonarnos los unos a los otros. Los hijos de Dios "*debemos*" perdonarnos los unos a los otros. En este capítulo, te invito a analizar las barreras del perdón, es decir, aquellas cosas que nos impiden perdonar, o llegar a ese momento de perdón, o tener un corazón perdonador.

Ya hemos definido qué es el perdón y qué no es el perdón. Ahora veamos qué cosas nos imposibilitan, muchas veces, perdonar. A menudo no estamos conscientes de que estas barreras están en nuestras vidas.

Primera barrera

Negar que la ofensa ha ocurrido. Escuchamos mucho decir: "*No quiero pensar en ello*". ¿Qué hacemos con la ofensa? La ponemos detrás de nuestra mente porque queremos olvidar lo sucedido. No queremos hablar sobre ello, ni discutirlo, ni recordarlo. Pero el hecho de que no hablemos de ello, o de que no discutamos sobre ello, o de que no lo recordemos, no significa que hemos perdonado. La ofensa tuvo lugar, la transgresión vino a nuestra vida. Pero nosotros hemos tenido esta reacción de negar emocionalmente, o en nuestro pensar, lo ocurrido. No enfrentarlo lo único que hace es traer una barrera que impide que nosotros podamos perdonar.

Segunda barrera

Es algo muy común y se trata de la falta del sentimiento de querer perdonar. Uno escucha a la persona expresar: *"Es que no siento perdonarlo, es que no siento perdonarla".* Pero, como ya mencionamos, el perdón no es un sentimiento sino una decisión. Recuerda bien: El perdón no es un sentimiento sino una decisión. Tú no puedes esperar a sentir el perdonar sino que, en obediencia a La Palabra de Dios y bajo la dirección del Espíritu Santo, tienes que perdonar. Sabiendo que esto va a traer un beneficio a tu propia vida, a tu propio espíritu. Aun cuando el ofensor no se esté reconciliando contigo o no te haya pedido disculpas.

Mientras que la primera barrera es negar la ofensa, no queriendo pensar en ella, o intentando olvidarla (lo cual no significa que hemos perdonado), la segunda barrera es no sentir deseos de perdonar. Tal vez queremos hacerlo pero decimos: *"Bueno, hasta que no lo sienta, no lo haré".* ¡No! No hay que sentir perdonar sino "decidir" perdonar.

Tercera barrera

Consiste en decir: *"A mí nunca me perdonaron en el pasado. Yo he cometido ofensas en el pasado, o yo ofendí a otras personas, y nadie nunca me perdonó".* No todo el tiempo somos ofendidos. Muchas veces nosotros nos encontramos en la otra posición y somos los que estamos ofendiendo a alguien. Posiblemente, en el pasado, tú ofendiste a una persona y esta no te perdonó y, además, constantemente te recuerda, te trae a memoria, el error que cometiste. Por eso, tú dices: *"Bueno, si él, o ella, no me ha perdonado, yo no tengo por qué perdonar ahora esto que me hicieron. Él, o ella, siempre me lo recuerda, así que yo no voy a perdonar porque a mí tampoco me han perdonado".* Esta es una barrera para que nosotros podamos llegar a ese perdón que el Señor nos pide en su Palabra.

Cuarta barrera

Esta barrera es muy común también y es esperar una disculpa. *"Cuando me pida perdón, entonces yo lo/la voy a perdonar. Pero, hasta ahora, nunca me ha pedido disculpas, no me ha dicho que se ha arrepentido de lo que me hizo".* Perdonar no se trata de que el ofensor esté arrepentido y de que nosotros nos quedemos esperando un cambio de actitud en él o ella. Esperar ese cambio de actitud de la otra persona, y que dicho cambio no llegue, es una barrera que nos impide perdonar.

Quinta barrera

Es usar el perdón como arma. *"Quiero que sufra. Lo/la voy a dejar que sufra un poco. Es que quiero que sienta el dolor que yo he sentido",* decimos. Es un deseo de venganza pero La Palabra declara que la venganza pertenece a Jehová, que tenemos que entregársela a Él y Él hará venganza por nosotros. Pero no deberíamos tampoco irnos al extremo. No adoramos a un Dios de venganza sino un Dios de justicia. Todas las cosas debemos ponerlas en las manos de Dios. De ninguna manera, podemos vengarnos nosotros mismos, o buscar nuestra propia justicia. ¿Qué hacer entonces? Traer la ofensa al Señor en oración y esperar a que Él, que es un Dios justo, haga justicia. La barrera número cinco es el hecho de querer esperar que la otra persona sufra, es decir, utilizar el perdón como un arma.

Sexta barrera

Es el poco entendimiento de lo que es el perdón de Dios. Nosotros, los hijos de Dios, hemos sido perdonados por Él, hemos recibido su perdón. Pero muchas veces, no tenemos un conocimiento vasto, profundo y claro de lo que conllevó ese perdón de Dios para con nuestras vidas. Es decir, de lo que significa el proceso de salvación, de regeneración, de trasformación. El hecho de que Dios nos perdona y no nos trae más a memoria nuestros pecados, nuestras injurias, nuestras ofensas. No solamente las pasadas sino también de nuestro caminar en Cristo. Por nuestra falta de experiencia, nuestra falta de confianza en el Señor y nuestra resistencia a someternos a los mandamientos que Él nos da, en nuestro caminar como creyentes diariamente faltamos a Dios. Por esa razón, a diario tenemos que venir ante el trono de gracia, a los pies de la cruz, y pedirle perdón al Señor. No entender qué es el perdón de Dios es una barrera pero, cuando tú entiendes la capacidad, la profundidad y la llenura de amor del perdón divino, puedes expresar ese amor hacia los demás.

Y todo lo que hacemos por otros, luego, Dios lo hace también por nosotros. Como lo expresó William Shakespeare:

> El perdón cae como lluvia suave desde el cielo
> a la tierra. Es dos veces bendito; bendice al que
> lo da y al que lo recibe.

Séptima barrera

La última barrera, y creo que una de las más importantes, es el poco crecimiento en el fruto del Espíritu. Sabemos que hay nueve elementos en el fruto del Espíritu pero tres de ellos están bien ligados al perdón:

a. el amor

b. la bondad y

c. la benignidad.

Para ser capaces de perdonar, el amor, la bondad y la benignidad tienen que ser parte del fruto del Espíritu que está manifiesto en ti y en mí. Cuando vinimos a Cristo, fuimos sellados con el Espíritu Santo. Él vino a morar en nosotros y parte de su carácter es el fruto del Espíritu con sus virtudes que encontramos en Gálatas 5:22-23. Cuando nosotros no perdonamos, esto habla mucho y refleja nuestro crecimiento en el Espíritu. Tú y yo, como creyentes, no podemos decir que somos maduros y estamos llenos del amor, la bondad y la benignidad de Dios, y no perdonar. Porque ambas cosas se contradicen.

Perdonar es el valor de los valientes. Solamente aquel que es bastante fuerte para perdonar una ofensa sabe amar. [1]

Si alcanzamos el crecimiento y la madurez en Dios, estamos llenos de su amor, y somos creyentes cuyas virtudes del fruto del Espíritu se manifiestan

---

1 Frase de Mahatma Gandhi

en nosotros diariamente y, como resultado, somos capaces de perdonar.

2. ¿Y SI NO PERDONAMOS?

La falta de perdón tiene sus consecuencias y, en esta segunda parte, vamos a concentrarnos en ellas. La consecuencia más fuerte o más grande de la falta de perdón son las ataduras espirituales y las ataduras emocionales. La falta de perdón es un arma que usa el enemigo para entrar en nuestras vidas, y poco a poco, va generando ataduras.

Efesios 4:26-27 declara:

> *Airaos pero no pequéis. No se ponga el sol sobre vosotros el enojo ni deis lugar al diablo.*

En este versículo encontramos tres pasos, o tres situaciones, que pueden tener lugar. Veamos…

a. Airarse o enojarse.

b. Pecar.

c. Dejar que el sol se ponga sobre el enojo.

Si tú te enojas, pecas y dejas que el sol se ponga sobre tu enojo, le estás dando lugar al enemigo. ¿Le vas a dar lugar al enemigo? La falta de perdón trae ataduras a nuestras vidas. ¿Cómo se forman estas ataduras? Es un proceso, en el que volvemos y repetimos, y se transforma en un arma que el enemigo usa para poder entrar y comenzar a ganar terreno en nosotros. A veces se trata de un proceso rápido, y a veces de un proceso lento. A veces lo podemos ver, lo podemos discernir. Pero si estamos en esta atadura de la falta de perdón, por lo general, no lo vemos.

Lo primero que sucede, cuando no perdonamos, es que se retiene esa ira o ese enojo sin resolver. Cuando tú no perdonas, estás reteniendo algo a nivel emocional y, aunque no lo verbalices, aunque no lo actúes abiertamente, está ahí. Está encerrado. Entre las barreras del perdón, mencionamos en primer lugar el tratar de no recordar, de no traer a la memoria, la ofensa. Aquí lo podemos ver claramente: Cuando nosotros estamos reteniendo esa falta de perdón en nuestras vidas (porque estamos esperando que nos pidan disculpas, o porque no queremos recordarlo o sentirlo, o porque "a *mí no me perdonaron*", o porque lo estamos usando como una arma, o simplemente porque el fruto del Espíritu no está desarrollado), esa emoción queda sin resolver. Entonces, se empiezan a desarrollar ataduras y le abrimos en nuestra vida las puertas al enemigo.

¿Qué sucede con el enojo sin resolver?

Este crea una serie de pensamientos. A veces, creemos que lo hemos olvidado, pero no. Lo traemos a la memoria, especialmente cada vez que vemos a, o hablamos con, la otra persona. Como dijimos, es un proceso. Nos encerramos en ese aire, en ese enojo, en esa ofensa, y nos negamos a resolverlo. Tal actitud es lo que hace que el enemigo vaya trayendo una serie de pensamientos a nuestra mente: pensamientos de odio, de venganza, de destrucción, de amargura, de resentimiento, etc., hacia la otra persona. Y dichos pensamientos van creando sentimientos.

En resumen:

Paso número uno: Retenemos la ofensa, el enojo que esta nos produce.

Paso número dos: Por esa atadura, vienen pensamientos constantes.

Paso número tres: Esos pensamientos traen sentimientos.

Paso número cuatro: Esos sentimientos, como resultado, crean acciones que nos llevan a pecar.

Un enojo retenido nos lleva entonces a un lugar de atadura y, finalmente, a un lugar de pecado. Por eso, Efesios nos exhorta a airarnos pero no pecar. Y, sobre todo, a que no se ponga el sol sobre nuestro enojo. Porque cuando esto último sucede, le estamos dando lugar al diablo. Esta es la consecuencia de la falta de perdón. Esta trae pensamientos a nuestras vidas y esos pensamientos generalmente producen "*ciertos sentimientos*". Y una vez que tenemos esos sentimientos, los vamos a poner en acción, en pecado, creando una atadura permanente en nuestras vidas.

Por todo lo expuesto, es importante que le prestemos atención al tema de la falta de perdón. Porque muchas de las bendiciones que Dios tiene para con nosotros no pueden ser manifiestas en medio del pecado. La falta de perdón en sí misma es pecado, ya que es un mandamiento: Dios nos llama a perdonar. Posiblemente muchas de las promesas del Señor que no vemos manifiestas, como el crecimiento espiritual o ministerial, el desarrollo profesional y el avance financiero, se deben a ello. Muchas veces, sin saberlo, nuestro estado de salud, tanto físico como emocional, puede llevarnos a estar llenos de rencor, de resentimiento y de amargura. Todo por la falta de perdón que le da cabida al pecado. Y ese pecado nos impide vivir vidas abundantes en Cristo Jesús.

3. UN EXAMEN PERSONAL

El Señor nos exhorta una y otra vez en su Palabra a perdonar así como Él nos ha perdonado. El perdonar no es un beneficio para el trasgresor sino para nosotros. Cuando no perdonas, estás atando tu vida. Cuando no perdonas, estás dando lugar al enemigo. Cuando no perdonas, estás cometiendo pecado. Cuando no perdonas, estás deteniendo la bendición, la manifestación de la promesa, en tu vida, estás constriñendo al Espíritu Santo y su unción a través de ti.

Dios quiere bendecirte. Como Jesucristo mismo lo declaró en Juan 10:10: "*El enemigo viene para hurtar, matar y destruir*" (una de sus armas es la falta de perdón) "*pero yo he venido para que tengan vida y vida en abundancia*". Cuando el Señor nos llama a ofrecer el perdón, es porque Él tiene pensamientos de bien y no de mal. Es porque Él quiere que nosotros andemos, caminemos, vivamos, en esa vida abundante por la cual Él pagó el precio en la cruz del Calvario.

Es tiempo de que nos examinemos a nosotros mismos en oración, bajo la dirección del Espíritu y en revelación de La Palabra, para comprobar que no haya pecado en nosotros, que no haya falta de perdón. La noche que el Señor Jesucristo iba a ser entregado, cuando estaban en medio de la cena, les dijo a los discípulos: "*Uno de ustedes me va a traicionar*". Y entre ellos, comenzaron a hacerse esta pequeña pregunta: "*¿Soy yo, Señor?*". Dejemos de mirar a los demás y examinémonos a nosotros mismos. Porque al examinarnos a la luz de La Palabra y bajo la guía del Espíritu, podremos entonces recibir la revelación divina y el toque del amor de Dios para que Él nos lleve a ese momento en que podamos perdonar y vivir una vida sana, con corazones libres y llenos de paz, de amor y de abundancia tal como Él nos promete en su Palabra.

4. PARTE PRÁCTICA

a. ¿Cómo le explicarías a un niño pequeño qué son las barreras?

_____

_____

_____

b. De las barreras mencionadas en este capítulo, ¿con cuál de ellas te identificaste?

_____

_____

_____

c. Como si estuvieras hablando en segunda persona, es decir a ti mismo/a, explícate qué daño está haciendo esta barrera en ti.

_____

_____

_____

d. Las barreras no permiten que nada entre, pero también pueden obstaculizar que algo salga. ¿Cómo ha afectado eso en tus relaciones más cercanas? Trata de contestar detalladamente.

_____

_____

_____

e. Las barreras pueden afectar incluso nuestra

relación con Dios. Basados en esto, ¿en qué áreas de tu vida creaste murallas en las cuales no le has permitido a Él entrar?

---

f. Rinde esta área en oración a Dios en las próximas líneas.

Oro en esta hora para que el Señor te bendiga de manera especial. Para que el Espíritu Santo te toque a través de este libro y que toda falta de perdón que esté presente en tu vida sea echada fuera, sea cauterizada, sea destruida. Para que comiences a ser un hombre y una mujer perdonador/a. Para que no permitas que el sol se asiente sobre la ira, sobre el enojo, sobre el resentimiento y sobre la amargura. Es mi oración que el Señor toque tu corazón convirtiéndolo en un corazón puro, perdonador y lleno de amor, bondad y benignidad. Y que las virtudes del fruto de su Espíritu se manifiesten en tu vida, y a través de tu vida, y vivas esa vida abundante que Dios tiene para contigo. Amén.

¡Te amo mucho!

Pero ahora dejad también vosotros todas estas cosas: ira, enojo, malicia, blasfemia, palabras deshonestas de vuestra boca.

Colosenses 3:8

CAPÍTULO 10

¿POR QUÉ DEBEMOS PERDONAR?

*Y cuando estén orando, si tienen algo
contra alguien, perdónenlo, para que
también su Padre que está en el cielo les
perdone a ustedes sus pecados.*

Marcos 11:25

1. EL PERDÓN NOS HACE LIBRES

¿Por qué debemos perdonar? Por muchas razones. Comencemos…

a. Es un mandamiento dado por Dios. Él nos enseña en Efesios 4:32: *Antes sed benignos unos con otros, misericordiosos, perdonándoos unos a otros, como Dios también os perdonó a vosotros en Cristo.* De la misma manera que Dios nos perdonó, Él nos insta a nosotros a perdonar.

b. Es el deseo de Dios. Colosenses 3:13 nos dice: *Soportándoos unos a otros, y perdonándoos unos a otros si alguno tuviere queja contra otro. De la manera que Cristo os perdonó, así también hacedlo vosotros.* Tanto el versículo de Efesios como el de Colosenses se refieren a la manera en que el Señor nos perdonó a nosotros. Y de la misma manera, sin esperar nada a cambio, debemos hacerlo nosotros con quienes nos lastimaron. Sin poner condiciones, llenos de amor y olvidando la ofensa. Pero Dios no solamente nos llama a perdonar sino que nos señala a qué nivel debemos perdonar. Le pone parámetros a nuestro perdón. No solo nos llama a perdonar (¡qué es tan difícil!), sino que establece las condiciones y los niveles de cómo debemos hacerlo. Así como el Padre nos perdonó en Cristo, nosotros tenemos que perdonar. Dicha acción no la podemos hacer sin la ayuda del Espíritu Santo. Sincerándonos, sabemos que lo que Él nos pide no es nada fácil, hasta incluso a veces nos puede parecer imposible. Sin embargo, ya no tenemos una naturaleza humana sino espiritual porque estamos vestidos, investidos, o llenos del poder de su Espíritu

Santo. Y el fruto del Espíritu consiste en que tengamos amor, bondad, benignidad, paciencia, mansedumbre, etc., para poder perdonar a aquellos que nos han ofendido, que nos han injuriado.

c. La falta de perdón es contada como pecado. Saber hacer lo bueno y no hacerlo es pecado. La carta de Santiago expresa lo siguiente: "*Al que sabe hacer lo bueno y no lo hace, le cuenta como pecado*". Dios nos ha llamado, una y otra vez, a perdonar. Incluso nuestro Señor Jesucristo, cuando estaba en la cruz, miró a la multitud que lo injuriaba, aquellos que querían que muriera en esas condiciones y, aun estando en ese lugar, Él dijo: "*Padre, perdónalos porque no saben lo que hacen*".

Debemos perdonar porque es un mandamiento. Debemos perdonar porque es el deseo de Dios. Debemos perdonar porque, si no lo hacemos, se nos cuenta como pecado.

El evangelio de Mateo 5:23-24 declara:

> *Por tanto, si traes tu ofrenda al altar, y allí te acuerdas de que tu hermano tiene algo contra ti, deja allí tu ofrenda delante del altar, y anda, reconcíliate primero con tu hermano, y entonces ven y presenta tu ofrenda.*

Esta ofrenda no se refiere solamente a lo monetario, sino a nuestra adoración. Es decir, la ofrenda de exaltación que traemos a Dios. Aquí no dice que nosotros tenemos algo contra una persona sino que él, o ella, tiene algo contra nosotros. Si este es el caso, tenemos que ir y reconciliarnos con esa persona. Entonces recién después, deberíamos presentar nuestra ofrenda. ¿Qué significa esto? Que no podemos traer una ofrenda, levantar nuestras manos al cielo para adorar a Dios, con manos que no son santas, con corazones que no son puros. Esa ofrenda no es recibida por Él.

Cuando venimos a adorar al Señor y nuestros corazones están llenos de amargura, de resentimiento, de falta de perdón, esa adoración es vana. Esa adoración no es aceptada de parte de Dios. Él no los dice una y otra vez en su Palabra.

2. UNA ACTITUD DE PERDÓN PERMANENTE

El evangelio de Mateo 18:21-22 dice:

> *Entonces se le acercó Pedro y le dijo: Señor, ¿cuántas veces perdonaré a mi hermano que peque contra mí? ¿Hasta siete? Jesús le dijo: No te digo hasta siete, sino aun hasta setenta veces siete.*

En ciertas ocasiones, seguramente te habrás preguntado: "*¿Nuevamente tengo que perdonar a esta persona? Ya lo he perdonado una, dos, tres veces…*". Y el Señor te responde: "*Tienes que perdonar 70 veces siete en un día, es decir, 490 veces en un día*".

"No hay nada que no se pueda perdonar y no hay nadie que no merezca perdón. Cuando seas capaz de entender que todos estamos entrelazados (sea por nacimiento, por circunstancia, o nuestra humanidad compartida), sabrás que aquello es cierto. El perdón es un viaje a la curación de nuestras heridas. La forma en que volvemos a sanar. Cada acto de perdón, sea grande o pequeño, nos permite sanar. El perdón no es sino la forma en que nos procuramos paz a nosotros mismos y al mundo". [1]

En los capítulos anteriores, mencioné la diferencia entre perdón y reconciliación. Volvamos a repetirlo: Muchas veces perdonamos a alguien y, sin embargo, no hay una restauración total de la relación, lo cual no aplica al esposo y la esposa. Se trata de un tema que, llegado el caso, tienes que discutir con tus líderes, tu pastor y, por supuesto, la dirección del Espíritu y lo que La Palabra nos dice al respecto.

Entonces repasemos…

Debemos adoptar un estilo de vida de perdón porque:

a. Es un mandamiento.

b. Es el deseo de Dios.

c. La falta de perdón se nos cuenta como pecado. Y, además:

d. Es parte de la naturaleza y el carácter de Dios. Nosotros como hijos de Dios, llenos del poder del Espíritu Santo, tenemos que reflejar su naturaleza y su carácter.

---

1 Tutu, Desmond; El libro del perdón; Océano Express, 2000.

El Doctor R. T. Kendall explica qué es el perdón total:

a. Ser conscientes de lo que alguien ha hecho, y aun así perdonarlo.

b. Escoger no guardar las ofensas.

c. El perdón total es una elección, no es un sentimiento, al menos al principio, es un acto de la voluntad.

d. Negarse a castigar.

e. No contar lo que se hizo. [2]

El amor no guarda rencor.

---

2 Kendall B y R. T. Kendall; Perdón Total; Casa Creación, 2004

3. PARTE PRÁCTICA

a. ¿Cuál es la suma total de las veces que debemos perdonar en un día? Luego multiplícalo por siete para saber cuántas veces sería en una semana. Y si te animas, calcula el número en un mes y, luego, en un año.

_____

_____

_____

b. Enumera tres razones por las cuales debemos perdonar.

_____

_____

_____

c. ¿Cuál de ellas te impactó más o te llegó al corazón? ¿Por qué?

_____

_____

_____

d. En las líneas siguientes haz una lista de las personas que debes perdonar, y cómo y por qué medio lo harás.

_____

_____

_____

e. Ahora lo más difícil: haz una lista de las personas a las cuales debes pedirles perdón, y cómo o por qué medio lo vas hacer.

_____

_____

_____

f. Ora esta área a Dios.

Te invito a hacer la siguiente oración:

"Padre, gracias porque tú nos perdonaste en Cristo a través de su obra redentora en la cruz del Calvario. Te pido que me ayudes a entender cuáles son las razones por las que debo perdonar y a vivir de tal manera que el perdón fluya de mí constantemente por el poder de tu Espíritu. En el nombre de Jesús, amén".

Pero te confesé mi pecado, y no te oculté mi maldad. Me dije: "Voy a confesar mis transgresiones al Señor" y tú perdonaste mi maldad y mi pecado.

Salmo 32:5

CAPÍTULO 11

MAS ALLÁ DEL RECUERDO

Mas tú, cuando ores,
entra en tu aposento, y cerrada la puerta,
ora a tu Padre que está en secreto;
y tu Padre que ve en lo secreto
te recompensará en público.

Marcos 11:25

1. VALE LA PENA PERDONAR

A muchas personas les sucede que, una y otra vez, vienen a su mente, su alma, su espíritu, recuerdos, emociones e incluso sensaciones que la llenan de dolor. Son recuerdos de hechos traumáticos que le dejaron un sabor amargo y se repiten, como un eco, en su vida. Hay situaciones que otros nos causaron, o nos siguen causando, y nos llevan a preguntarnos: *"¿Cómo me pudo, o me puede, hacer eso y no arrepentirse jamás?"*. La verdad es que hay gente que nunca cambia pero, frente a ello, tenemos una alternativa: cambiar nosotros.

El primer paso hacia el cambio verdadero que buscas tiene que empezar por ti. Cuando las personas se acercan a mi oficina y hacemos consejería, una de las cosas que siempre les menciono y les enseño es que la única persona que puede cambiar es uno mismo, con la ayuda del Espíritu Santo de Dios. No podemos cambiar a los demás, a menos que ellos quieran hacerlo. El cambio debe empezar por mí. No esperemos la reacción o la acción de la otra persona. Y en cuanto nos referimos al perdón, no hay diferencia. El perdón comienza en nosotros, con nuestra propia actitud.

Siempre dicen que el tiempo cambia las cosas, pero de hecho tienes que cambiarlas tú mismo. [1]

Marcos 11:25 dice:

---

1 Frase de Andy Warhol

Y cuando estéis orando, perdonad, si tenéis
algo contra alguno, para que también vuestro
Padre que está en los cielos os perdone a
vosotros vuestras ofensas.

Allí mismo, al orar, al entrar en la presencia de
Dios, necesitamos examinar las actitudes de nuestro
corazón. Chequear si aún hay rencor, amargura,
rebeldía, enojo, ira. Pedirle al Señor que nos revele,
que nos muestre, para poder ver lo que aún nos falta
arrancar para ser capaces de perdonar. Digámosle a
Jesús que nos enseñe a perdonar porque queremos
hacerlo.

En la mayoría de los casos, el problema radica
en el dolor del recuerdo. Es cuando recordamos la
transgresión, o la herida, que nos causaron que esta
vuelve a aparecer y a doler como en aquel momento.
Por ello, debemos pedirle a Dios que quite ese dolor,
aunque no quite los hechos de nuestra memoria. En
la mayoría de los casos el recuerdo en la memoria nos
sirve para ministrar a otros o como testimonio para
el Evangelio de Jesucristo. Dios nos quita el hecho de
la memoria pero sí quita el dolor del recuerdo.

Desmond Tutu, en su libro Sin perdón, no hay
futuro, dice:

> ...el pasado, lejos de desaparecer o permanecer
> tranquilo tiene una forma penosa y persistente
> de regresar y acecharnos, a menos que se haya
> tratado con él de forma adecuada. Un día habrá
> una espantosa erupción y se darán cuenta de
> que trataron de obtener la reconciliación a un
> precio bajo. La verdadera reconciliación no es

barata. Le costó a Dios la muerte de su único Hijo. [2]

En mi caso personal, como les he contado, desde mi niñez sufrí abuso sexual, físico, emocional y espiritual. Ese abuso, por mucho tiempo, estuvo envuelto en dolor. Cada vez que lo recordaba, me hacía llorar y me provocaba sentimientos de amargura, de rencor. Pero cuando le rendí todas esas áreas al Señor y comencé a recibir revelación y conocimiento de cómo trabajar con esas heridas en mí, comencé a sanar emocional y espiritualmente esa parte de mi vida. El Señor sanó la memoria, el dolor de ese recuerdo, y ahora esos hechos son solo un testimonio que comparto contigo para que sepas que, con Dios, puedes sanar y quitar para siempre el dolor del recuerdo.

Muchas veces es el dolor del recuerdo lo que no nos permite perdonar. Por eso, te animo a decirle a Dios que quite el dolor para que puedas ser libre y soltar el perdón.

Para dar ese paso, necesitamos llenarnos de la gracia y del amor del Señor. Es decir, que el fruto de su Espíritu se manifieste en nuestras vidas. Mateo 6:12 declara: "*Y perdónanos nuestras deudas como también nosotros hemos perdonado a nuestros deudores*". Este es el Padre nuestro que, a menudo, nosotros oramos y repetimos. Decimos: "*Señor, perdona nuestras deudas, nuestras ofensas, así como nosotros perdonamos a nuestros deudos, a aquellos que nos han ofendido*". Recuerda que nosotros le estamos

---

2 Tutu Desmond; Sin perdón, no hay futuro; Ediciones Hojas del Sur.

diciendo a Dios que, de la misma manera, tenemos que perdonar. ¿Verdad? Tal como Dios perdona: lleno de gracia, lleno de amor. Él nos perdonó con su gracia que significa amor inmerecido.

Por eso, a través de la gracia que nosotros mismos recibimos, debemos dejar ir a nuestro prisionero. La persona, en muchos casos, no merece el perdón. Pero esto no es cuestión de que se lo merezca, o no, sino de lo que Dios nos llama a hacer en su Palabra y de que perdonar es parte de nuestro carácter como cristianos.

Leemos en la carta de 1 de Corintios 13:4-8:

> *El amor es sufrido, es benigno; el amor no tiene envidia, el amor no es jactancioso, no se envanece; no hace nada indebido, no busca lo suyo, no se irrita, no guarda rencor; no se goza de la injusticia, mas se goza de la verdad. Todo lo sufre, todo lo cree, todo lo espera, todo lo soporta. El amor nunca deja de ser; pero las profecías se acabarán, y cesarán las lenguas, y la ciencia acabará.*

Toda vez que entres en oración, examina tu corazón y pídele a Dios que te llene de su amor y de su gracia para poder perdonar.

En el evangelio de Mateo 25:44, el Señor nos dice: "*Amad a vuestros enemigos, bendecid a los que os maldicen, haced bien a los que os aborrecen*". Esto solamente lo podemos hacer a través de la gracia de Dios. Cuando está manifiesta en nuestras vidas porque estamos viviendo conforme al espíritu, y no conforme a la carne.

2. EL PROCESO DEL PERDÓN

Paso 1: Oro por mí, me examino.

Paso 2: Pido al Señor que me llene de su amor y de su gracia para poder perdonar.

Paso 3: Me detengo en oración y le digo: *"Padre, aquí me presento delante de ti. En mi corazón hay rencor, ira y amargura. No puedo perdonar, no sé cómo perdonar. Enséñame a hacerlo. Lléname de tu gracia, lléname de tu amor. Espíritu Santo, ayúdame a ser obediente al mandamiento de Dios de perdonar".*

Es fundamental mirar la situación porque, muchas veces, estamos ofendidos sin razón aparente y esa parte es, en realidad, la que nosotros no queremos enfrentar.

Dios nos llevó a escribir el libro Evitando & Lidiando con las Ofensas, el cual te recomiendo que leas, y una de las cosas que enseño allí es a analizar la situación, cuando parece que estamos ofendidos sin razón. En ciertas ocasiones, con sabiduría natural y la ayuda del Espíritu Santo, yo analizo la situación y me pregunto: *"Espera, ¿por qué estoy realmente ofendido?".*

Cuando hablamos de que tenemos que orar por nosotros mismos, significa que tenemos que orar por la situación y por la persona que nos ha ofendido. El Señor nos dice que la amemos, que oremos por ella y la bendigamos en oración. El amor no es un sentimiento sino una decisión. Una decisión de obediencia a Dios. Es el resultado de andar en el espíritu y no en la carne. Es el resultado de una vida desarrollada, de una vida madura, en el fruto del Espíritu.

La oración de Jesucristo en Lucas 23:34: *"Padre, perdónalos porque no saben lo que hacen"* debería ser una de nuestras oraciones habituales. *"Padre perdónalo/a; Padre, ayúdame a perdonarlo/a; Padre, lo/a perdono"*. Aunque a veces nos hayan venido injurias de personas que sí sabían lo que estaban haciendo, el Señor nos llama una y otra vez a perdonar. Otro versículo en Mateo 5:44 dice: *"Orad por los que os injurian, por los que os persiguen, para que vuestro Padre que está en los cielos os perdone a vosotros"*. Dios llama a sus hijos a perdonar no solamente a las personas que amamos y a las personas que nos aman, no solamente a las personas que nos bendicen y nos tratan bien, sino además a aquellos que nos maldicen, nos injurian, nos persiguen. El mandato del Señor, una y otra vez, es a orar por la situación, orar por nosotros y orar por la persona que nos causó la ofensa.

Desde el principio de esta obra, hemos mencionado que, para poder perdonar, necesitamos primeramente la ayuda del Espíritu Santo. Es decir, que el fruto del Espíritu esté manifiesto en nuestras vidas, que la gracia de Dios esté llenando nuestros corazones, que tengamos un entendimiento vasto de lo que es el perdón. También definimos qué no es el perdón: una serie de sentimientos de amargura, de resentimiento, de odio, de ira, de enojo, que vienen a causa de ofensas a nuestra vida. Y no se trata de que no se haga justicia, ni de justificar, ni de decir que no hubo injuria, ni de que no haya consecuencias. Hablamos sobre las barreras que nos impiden perdonar, tales como, esperar que se nos pida disculpas, querer sentir algo y tratar de usarlo como un arma de venganza. Y por último, mencionamos las consecuencias de la falta de perdón que trae ataduras a nuestras vidas, comenzando primeramente con pensamientos que se convierten en sentimientos y, después, en acciones que nos llevan a pecar. Ya sea que lo sintamos o no, tenemos que perdonar porque es mandamiento de Dios, es deseo de Dios, y acabamos de ver una serie de pasos muy fáciles, muy básicos, para lograr ir creciendo en esta área. Todo esto es el proceso del perdón.

3. PARTE PRÁCTICA

a. Busca la definición de la palabra dolor y escríbela en las siguientes líneas.

_____

_____

_____

b. Busca los sinónimos de la palabra dolor y escríbelos en las siguientes líneas.

_____

_____

_____

c. ¿Qué sentimientos o emociones vinieron a tu corazón mientras leías y escribías la definición y los sinónimos de dolor?

_____

_____

_____

d. Ahora, vuelve al diccionario y escribe todos los antónimos de la palabra dolor.

_____

_____

_____

e. Elige tres antónimos y busca tres diferentes escrituras bíblicas que los apoyen o respalden. Por ejemplo, si hablamos de la palabra amor, yo usaría

Juan 3:16 (*"De tal manera amó Dios al mundo..."*).

_____

_____

_____

f. Ora esta área de tu vida al Señor la oración que mencionamos anteriormente en este capítulo:

> *"Padre, aquí me presento delante de ti. En mi corazón hay rencor, ira y amargura. No puedo perdonar, no sé cómo perdonar. Enséñame a hacerlo. Lléname de tu gracia, lléname de tu amor. Espíritu Santo, ayúdame a ser obediente al mandamiento de Dios de perdonar".*

Entonces me invocaréis, y vendréis y oraréis a mí, y yo os oiré;

Jeremías 29:12

CAPÍTULO 12

LISTOS PARA EL PROCESO

*Aunque la visión tardará aún
por un tiempo, mas se apresura
hacia el fin, y no mentirá; aunque tardare,
espéralo, porque sin duda vendrá,
no tardará.*

Habacuc 2:3

1. TIEMPOS DE PREPARACIÓN

Siempre que tengo que viajar fuera de la ciudad, mi día comienza con mi *"prealarma"* a las 3:27 a.m., la cual tengo programada con una música de arpa muy suave y baja que suena durante tres minutos antes de mi alarma. No sé si leí algo al respecto, pero no me gusta despertar de repente. Mi prealarma me ayuda a ir despertando de a poco. A partir de allí, me levanto, voy al baño, paso por la cocina por mi té y luego camino rumbo a mi lugar de oración. Por lo regular cuando me toca viajar, mi tiempo con Dios es más corto, ya que aprovecho mi trayectoria para orar mientras viajo también.

Tomo una ducha, me alisto y dejo la casa a las 5:00 a.m. Si alguien viaja conmigo, paso a buscarle, salimos rumbo al aeropuerto y oramos todo el camino. Por lo general, llegamos al aeropuerto a las 7:00 a.m., si nuestro vuelo está programado para las 9:00 a.m. El estacionamiento lo elegimos dependiendo de si el vuelo es dentro de los Estados Unidos, o internacional. Si es doméstico, por una razón u otra, siempre nos toca en las líneas número 62 hacia abajo. Si conoces el estacionamiento doméstico del aeropuerto de Atlanta, habrás notado que la caminata es bastante larga. Si el vuelo es internacional, nos toca ir a otro estacionamiento, dejar nuestro auto y tomar un pequeño bus que es cortesía del aeropuerto, pues la distancia es mucho mayor.

Una vez dentro del aeropuerto, pasamos por aduana y luego tomamos el tren que nos llevará a la terminal donde se encuentra nuestra puerta de abordaje. Tal vez, estés pensando: "*¿Tomar un tren?*". Sí, leíste bien. El aeropuerto de la ciudad de Atlanta, al momento de escribir estas líneas, es uno de los más transitados y de mayores dimensiones de los EE.UU. Tanto es así, que hay una línea de tren dentro del aeropuerto, luego de que uno pasa por la aduana. Al llegar a la terminal, nos detenemos a desayunar en unos de los restaurantes y, de allí, nos dirigimos a nuestra puerta de abordaje. A estas alturas, ya son las 8:00 a.m. y nuestro vuelo, posiblemente, inicia el abordaje a las 8:20 a.m. (40 minutos antes de la hora programada de salida). Gracias a Dios, tenemos abordaje de preferencia. Por lo que somos unos de los primeros pasajeros en subir al avión. Una vez a bordo, colocamos la maleta en el compartimiento de arriba y la bolsa de mano debajo del asiento del frente. Yo siempre viajo con audífonos y celular en mano y, dependiendo de cuán largo sea el vuelo, leo un libro o repaso mis notas. Como ves, para la hora en la cual llegamos a destino, ya llevamos aproximadamente entre ocho y nueve horas desde que sonó mi prealarma.

El punto aquí no es todo el trayecto de mi viaje sino el hecho de que, cada vez que me ven de pie en un púlpito, predicando La Palabra de Dios, hubo antes un proceso que me ayudó a llegar a ese lugar. Y no solo se trata del trayecto del viaje, sino de la preparación: la oración, el ayuno, el estudio de La Palabra, la elaboración de mis notas, las conversaciones y los correos electrónicos con la iglesia que nos invita, el armado de las maletas y otro sinnúmero de detalles. Como podrás observar, es un proceso largo y lleno de detalles necesarios.

Así sucede con cada tema de nuestra vida. Para poder alcanzar la libertad y la sanidad que anhelamos, necesitamos seguir los procesos de Dios. Ellos son un conjunto de fases, acciones y pasos a tomar. El Señor se mueve y obra en nosotros a través de "*procesos*". La transformación del creyente es un proceso. Crecemos en el Señor a través de procesos. Los procesos de Él tienen un propósito determinado y, aunque en ocasiones pareciera lo contrario, su fin es que caminemos en vidas abundantes y llenas de paz. Nuestro problema radica en que preferimos "*eventos*" y no "*procesos*". Sin embargo, no es así en la vida cristiana. Dios se mueve a través de procesos, no de eventos.

Un evento es algo que ocurre en un momento determinado por un período corto de tiempo; mientras que un proceso conlleva largos pasos a seguir, conjuntamente con un sinnúmero de detalles.

Como maestra de La Palabra de Dios, consejera y mentora, a lo largo de mi experiencia de más de 30 años, he visto que es "*en el proceso*" donde la mayoría de las personas fallan, abandonan, se cansan y no alcanzan la libertad y la sanidad que tanto precisan. Cuando una persona no acepta y no sigue los procesos de Dios, no podrá ver avance, rompimiento, libertad y sanidad en su vida. En otras palabras, la negativa a seguir los procesos del Señor y la ausencia de ellos nos alejan de recibir la bendición que Jesús compró en la cruz del Calvario.

2. ELEMENTOS DEL PROCESO

Analicemos ahora cuáles son los elementos que forman parte de este proceso:

a. Sabiduría. En Jeremías 33:3 Dios introduce al profeta en un proceso por el cual le daría dirección, instrucción y revelación. *"Clama a mí"*, le dijo el Señor. Para que Jeremías recibiera lo que estaba pidiendo, necesitaba obedecer el proceso de Dios. La sabiduría trae entendimiento profundo del proceso de Dios. La sabiduría divina brinda dirección clara que acorta el proceso. Su sabiduría es uno de los elementos para alcanzar la libertad y la sanidad que deseamos. Allí mismo en Jeremías, Dios va más allá y le dice: *"Te mostraré cosas grandes y ocultas que tú no conoces."* ¿Quieres un conocimiento más profundo de ti? Clama a Dios y sigue sus procesos. ¿Quieres recibir la libertad y la sanidad que Cristo compró para ti? Clama a Dios y sigue sus procesos.

Pero la sabiduría que es de lo alto es primeramente pura, después pacífica, amable, benigna, llena de misericordia y de buenos frutos, sin incertidumbre ni hipocresía. [1]

b. Confianza. La confianza es necesaria para aceptar los procesos de Dios. La confianza nos capacita para descansar en sus procesos. La confianza revela dónde está nuestro corazón. La confianza no es otra cosa que la fe. El escritor de la carta a los Hebreos nos dice en el capítulo 11: *"Es pues la fe la certeza de lo*

---

1 Santiago 3:17

que se espera, la convicción de lo que no se ve". Yo iría un poco más allá, fe o confianza en los procesos de Dios significa que no vamos a dudar de ellos, que los seguiremos en obediencia. Significa que no vamos a temer porque estamos confiados en que Él, quien nos ama con un amor perfecto, tiene buenos planes para nosotros. Confiamos porque sabemos que de Él solo pueden venir bendiciones.

Hazme oír por la mañana tu misericordia, porque en ti he confiado; hazme saber el camino por donde ande, porque a ti he elevado mi alma. [2]

c. Acción. Los procesos de Dios requieren acción. Los procesos de Dios requieren caminar hacia adelante. Los procesos de Dios nos llevan a la bendición a través de la acción. Una vez que hemos clamado al Señor en nuestra angustia y desesperación, una vez que hemos tomado la determinación de confiar nuestro corazón y todo nuestro pasado a Él, el último paso a dar es movernos en acción y en obediencia en ese proceso que el Señor nos ofrece para caminar en libertad y sanidad.

Pues ahora, Zorobabel, esfuérzate, dice Jehová; esfuérzate también, Josué hijo de Josadac, sumo sacerdote; y cobrad ánimo, pueblo todo de la tierra, dice Jehová, y trabajad; porque yo estoy con vosotros, dice Jehová de los ejércitos. [3]

En Habacuc capítulo 2 encontramos al profeta de Dios angustiado y en un dilema, frente a lo cual,

---

2 Salmo 143:8

3 Hageo 2:4

exclamó: *Sobre mi guarda estaré, y sobre la fortaleza afirmaré el pie, y velaré para ver lo que se me dirá, y qué he de responder tocante a mi queja.* Como había de esperarse, el Señor no tardó en responderle pero lo hizo dándole un proceso: *Escribe la visión, y declárala en tablas, para que corra el que leyere en ella.* Escribe, declara, lee y corre con ella. Cuatro pasos que Habacuc debía dar para ver la bendición.

Ahora te toca a ti…

¿Qué proceso te está dando Dios? ¿Hay algún proceso que abandonaste y no has obedecido?

En la mayoría de los casos, los procesos de Dios no son fáciles de entender ni de llevar. Vivimos en un tiempo donde queremos que todo sea "*ya*", que todo sea "*delivery*", donde no toleramos por un segundo no tener señal en el celular o el iPad, donde esperar se convierte en una tortura. Épocas en las cuales entramos a la Internet y, al instante, allí está la respuesta que buscamos. No hay un tiempo de espera, de búsqueda, todo tiene que ser ahora. Pero con Dios, las cosas no funcionan así. Sus procesos requieren de confianza, sabiduría y acción de nuestra parte, aun cuando no entendamos el cuadro completo o no contemos con todas las piezas del rompecabezas.

Estos tres elementos son fundamentales para lograr libertad y sanidad en nuestra vida. Cuando tú y yo buscamos la dirección de Dios, Él no tarda en darnos la revelación que llenará nuestro corazón de confianza. Y es esa misma confianza la que nos activará para movernos en fe y esperanza logrando libertad y sanidad en nuestra vida.

Gracias por acompañarme hasta aquí. Desde lo más profundo de mi corazón deseo, y es mi oración, que la buena obra que Dios ha empezado en ti la perfeccione cada día y que, al igual que yo, alcances la sanidad espiritual y emocional que tanto anhelas. Jesús te llama hoy y te dice: *"Pasemos al otro lado"*. Será una noche larga, se levantará tormenta, los vientos soplarán pero no temas porque Él va en medio de la barca contigo y, al otro lado, hay gran bendición. ¡Serás libre!

3. PARTE PRÁCTICA

a. Conforme a lo anteriormente dicho, define el término proceso en tus propias palabras.

_____

_____

_____

b. ¿A qué me refería en las líneas anteriores cuando mencioné que "*Dios no es un Dios de eventos sino de procesos*"? Responde detalladamente.

_____

_____

_____

c. Escribe en las siguientes líneas el proceso que usó el Señor para que tú vinieras a los pies de Jesús.

_____

_____

_____

d. Tomando en cuenta la definición de procesos y de cómo Dios los utiliza en nuestras vidas, ¿cuántos procesos de Dios has interrumpido en tu vida?

_____

_____

_____

e. En las siguientes líneas escribe en orden numérico los pasos o procesos que este libro te aconseja seguir para ser libre y sano totalmente.

_____

_____

_____

f. Te animo a hacer la próxima oración conmigo:

"Padre, acepto tus procesos, sé que ellos son de bien y de bienestar para mi vida. Confío en tus planes porque sé que, aunque hoy no los comprenda, son perfectos para mí y, a su tiempo, cuando haya atravesado todo el proceso, llegaré a conquistar mi monte. Allí celebraré, danzaré y me gozaré en ti por las cosas buenas y hermosas que has hecho en mi vida. En el nombre de Jesús, amén".

Guíame en tu verdad y enséñame, porque tú eres el Dios de mi salvación; en ti espero todo el día.

Salmo 25:5

— BIOGRAFÍA —

DELILAH CROWDER

La Dra. Delilah Crowder se ha dedicado con pasión a la obra evangelística por más de 30 años. Es su deseo constante instruir y proporcionar a cada individuo las herramientas, el conocimiento y las aplicaciones necesarias a la luz de La Palabra de Dios para el camino en el plan y la vida abundante que Dios ha diseñado para sus vidas.

BIBLIOGRAFÍA

Antoine de Saint-Exupéry, El Principito, Ediciones Lea, 2017.

Carrolll Lewis; Alicia en el país de las maravilla, Ediciones del Sur, 2003.

Hirigoyen, Marie- France; El acoso moral: el maltrato psicológico en la vida cotidiana; Ediciones Paidós, 2013.

Hussmann Gloria, Chiale Graciela; La trampa de los manipuladores: Cómo identificarlos y aprender a decir ¡basta!; Ediciones del Nuevo Extremo, 2008.

Kendall B y R. T. Kendall; Perdón Total; Casa Creación, 2004.

Mc Graw, Ph.D Phillip C.; Eres importante. Construye tu vida desde el interior; Santillana Ediciones Generales, 2005.

Meyer, Paul J; El perdón… el milagro máximo; Bridge-Logos Publishers, 2006.

Munroe Myles Dr.; Convirtiéndose en un líder; Whitaker House, 1993.

Munroe Myles; Redescubriendo el Reino; Destiny Image Publishers, 2006.

Munroe, Myles Dr.; Los principios y el poder de la Visión; Whitaker House, 2004.

Palermo, Sebastián; El poder de la autoconfianza, Ediciones Hojas del Sur, 2018.

Riso Walter; Desapegarse sin anestesia; Ediciones Planeta/Zenith, 2013.

Tutu, Desmond; El libro del perdón; Océano Express, 2000

Tutu Desmond; Sin perdón, no hay futuro; Ediciones Hojas del Sur

Varios autores; Los gritos de mi silencio; Biblioteca de Salud Mental, 2016

https://www.allinahealth.org/mdex_sp/SD7388G.HTM

https://portal.alemana.cl/wps/wcm/connect/Internet/Home/blog-de-noticias/Ano+2011/01/Por+que+una+herida+no+cicatriza

https://genial.guru/inspiracion-psicologia/10-frases-que-revelan-la-autoestima-baja-446760/

https://lavozdelmuro.net

www.blueletterbible.org

www.biblegateway.com

www.wordreference.com

www.merriam-webster.com

CONTACTO

Para conocer más acerca de
la Dra. Delilah Crowder,
visita nuestra página web:
www.delilahcrowder.com